JAMES DE CHAMBRIER

De Sébastopol à Solférino

APOGÉE DU SECOND EMPIRE

PARIS
ALBERT FONTEMOING, EDITEUR
4, RUE LE GOFF (5me)
1906

De Sébastopol à Solférino

DU MÊME AUTEUR

Marie-Antoinette, reine de France, 3me édition, 2 vol. in-16 . . . . 7 —

Rois d'Espagne, d'Isabelle I à Philippe II, 1 vol. in-16 . . . . 3 50

Rois d'Espagne, de Philippe II à Charles III, 1 vol. in-16 . . . . 4 —

Rois d'Espagne, de Charles IV à Alphonse XII, 1 vol. in-16 . . . . 3 50

Un peu partout, du Danube au Bosphore, 1 vol. in-16 . . . . 3 —
— Du Bosphore aux Alpes, 1 vol. in-16. . . . . . 3 —
— Du Jura à l'Atlas, 1 vol. in-16 . . . . 3 —
— D'Alger à Madrid, 1 vol. in-16 . . . . 3 —
— De Tolède à Grenade, 1 vol. in-16. . . . . . . 3 —

La Cour et la Société du Second Empire, 1re série 1 vol. in-16 . . . . 3 50

La Cour et la Société du Second Empire, 2me série 1 vol. in-16 . . . . 3 50

Imprimerie Delachaux & Niestlé S. A., Neuchâtel (Suisse)

JAMES DE CHAMBRIER

De Sébastopol à Solférino

APOGÉE DU SECOND EMPIRE

PARIS
ALBERT FONTEMOING, EDITEUR
4, RUE LE GOFF (5e)
1906

De Sébastopol à Solférino.

CHAPITRE PREMIER

A BIARRITZ. — A COMPIÈGNE. — A PARIS.

Au moment de partir, dans notre dernier volume, pour un petit voyage à travers les artistes et les littérateurs, les princes et les sa'ons, nous laissions Napoléon III entraînant après lui la France et l'Europe par l'extraordinaire développement de sa puissance intérieure et le succès de sa politique étrangère, près de traverser, de Sébastopol à Solférino, la brillante et glorieuse époque qui devait être l'âge d'or de son règne. Nous laissions les partis, dans leur haine et leur opposition, comme dans leur enthousiasme, leur optimisme, désarmer peu à peu, désespérer de son âge de fer ou n'en plus même admettre la possibilité.

La guerre de Crimée et le Congrès de Paris lui assuraient dans le monde une position unique, ayant fait de Napoléon III un arbitre, presque un maître, « libre, » écrivait sans exagération, mais non sans amertume, le ministre anglais, lord Clarendon, « libre de faire ce qu'il voudra. »

De tous côtés le succès venait à lui; partout des hommages et des adulations.

Le présent et l'avenir souriaient à sa vie intérieure.

L'impératrice, enfin remise de ses couches, contemplait son fils sous les grands arbres de St-Cloud avant de partir pour Biarritz où une députation espagnole lui apprit que la junte du pays avait émis le vœu de saluer le prince impérial comme citoyen de Biscaye.

Ce vœu toucha l'impératrice, en train de mettre à la mode et de transformer en station balnéaire un petit village de pêcheurs.

Le pays y prêtait avec sa mer chantante, sa plage de sable fin, l'horizon bleuâtre de ses montagnes, les découpures bizarres de ses rochers.

Et puis c'était presque l'Espagne, près de St-Sébastien; la société madrilène accourait au-devant de l'impératrice plus accessible en cette villégiature qu'au palais des Tuileries, plus libre aussi. On pouvait la saluer là, moins en souveraine qu'en grande dame accueillante.

Femme de sport à Compiègne, où le cheval, la

chasse occupaient ses loisirs, l'impératrice satisfaisait, à Biarritz, à son goût pour les promenades au large, goût qu'elle a gardé à travers ses tristesses et auquel répondent encore, rêveuses, contemplatives, ses croisières sur le *Thisthle.*

Cela n'allait pas toujours sans surprises, surtout pour celles de ses dames qui n'avaient pas comme elle le cœur solide, le pied marin.

Il y eut même un jour de sérieuses émotions sur le petit bâtiment, de vives alarmes à la villa Eugénie où l'empereur était resté.

Une violente bourrasque avait subitement assailli l'embarcation qui voguait allégrement et sur laquelle les gémissements, les cris succédèrent bientôt à l'entrain des conversations.

Aussi calme que son pilote, allant des uns aux autres, l'impératrice cherchait à rassurer tout le monde, bien que la situation ne fût pas sans péril.

Il s'agissait, pour pouvoir rentrer, de franchir la barre toujours obstruée du chenal de Bayonne. Le navire s'y engagea, aussitôt soulevé par une vague énorme, couché par la secousse, puis violemment jeté dans le chenal. Il était une heure du matin quand les promeneurs haletants, couverts d'écume, ruisselants, débarquèrent sur le quai où la population échelonnée attendait avec l'empereur.

S'inclinant devant le souverain, le pilote lui dit :

« Sire, j'ai passé parce que l'impératrice était à bord. Elle m'a porté bonheur. »

« Vous avez gagné la partie, reprit l'empereur; si pourtant vous l'aviez perdue! » Et il se jeta dans les bras de sa femme, qui venait à lui.

Aussi épris qu'elle du pittoresque séjour de Biarritz, Napoléon III s'y créa des intérêts, des loisirs utilitaires.

Acquéreur d'un vaste domaine, devenu un champ d'expériences profitables aux étendues de bruyères et de marais qui couvrent les Landes et la Sologne, il s'appliquait à rendre à la culture ces terres stérilisées.

Jamais grand propriétaire ne fut plus encouragé dans ses travaux de fertilisation que Napoléon III dans ce coin de pays. Les acclamations des populations rurales répondaient à son vœu et à sa longue aspiration de relever l'agriculture.

Au milieu de novembre le château de Compiègne, resté fermé pendant la guerre de Crimée, rouvrait ses portes à de brillantes séries d'invités, à un flot de grands noms : les grands noms de l'art, tels que ceux d'Isabey, d'Horace Vernet, d'Alfred de Vigny, d'Auber, de Verdi, de Meyerbeer.

Il y avait là, par l'organisation des choses comme par l'affabilité des souverains, une vie de château plutôt qu'une vie de cour; de château un peu trop anglais, au gré du général du Barail, qui paraît très ennuyé de n'avoir pas reçu le « bouton » donnant droit à l'uniforme de chasse. De simples sous-lieutenants portaient ce bouton envié, dû à la faveur ; et lui, leur général, n'avait pas le droit de le mettre ! « C'est très anglais, sans doute, a-t-il écrit, mais ça me chiffonne. »

Et il n'était guère habitué à être « chiffonné, » au moins dans le monde, l'excellent général, causeur un peu claironnant, d'une verve inépuisable. Sa moustache en croc, son air gaillard, sa martiale physionomie, son regard fouilleur enlevaient toute envie de se produire à ceux qui, en son absence, eussent tenu le dé de la conversation. Quelques personnes lui en voulaient d'un entrain qui les effaçait. On trouvait qu'il lui fallait trop d'espace et qu'il déplaçait beaucoup plus d'air que les autres.

Un fond de franchise et de vie montait très vite à la surface chez cet homme résolu, doué d'un beau talent d'écrivain, qui a laissé d'intéressants mémoires et n'a pas témoigné que dans le Sud africain et sur les plateaux du Mexique de sa hauteur d'âme et de son endurance.

Le chagrin ne devait pas triompher de sa philosophie ; il garda malgré tout la persuasion que la vie vaut la peine d'être vécue et qu'il reste dans toutes les positions quelque chose à glaner. « Il ne faut pas se laisser abattre, disait-il, quelles que soient les épreuves ; il y a encore du bon dans la vie. »

Si les chasses à courre, — que tout le monde pouvait suivre, — tenaient plus de place que la politique dans les conversations du château de Compiègne, l'attention des invités, les soirs de théâtre, était moins à la pièce qu'à la loge impériale dont les hôtes étaient à peu près les seuls à écouter.

Il y avait trop de choses dans l'air ambiant, trop de préoccupations grandes et petites.

Ne fallait-il pas penser à ce qu'avaient dit les souverains, et à ce qu'ils n'avaient pas dit, à ce qu'on avait fait dans la journée et à ce qu'on ferait le lendemain ?

Aurait-on le bouton ? Serait-on du thé de cinq heures ?

Et la politique ?

Si on n'en parlait pas, il n'était pas interdit d'y songer, bien que tout parût être au succès, aux fêtes, à cet éclat de surface qui dérobait aux yeux du public comme à ceux de la société de la cour les multiples soucis du rang suprême.

Ces soucis, la consigne semblait être de les ignorer, même de ne pas les admettre. Aussi bien ne voyait-on les ministres qu'une fois par semaine au château de Compiègne, un instant, après le Conseil du Jeudi. « Je ne vous donnerai pas de nouvelles, écrivait la marquise de Contades à son père, le maréchal de Castellane, étant dans l'endroit où on les ignore le plus et où l'on parle le moins politique. »

On parlait plus facilement du petit prince, sujet moins passionnant, moins hasardeux aussi.

Cet enfant, naturellement, n'était pas, ne pouvait pas être comme les autres.

Mme de Contades, qui le dit superbe, donnera de lui, un an après, de ce même château de Compiègne, où elle passait de nouveau huit jours, des nouvelles plus intéressantes en ce que l'éducation du petit prince a commencé. « Comme il est très intelligent, très gentil, écrit-elle, on l'élèvera sans peine, malgré les gâteries de l'empereur qui est avec lui d'une incurable faiblesse; mais l'impératrice veille et réagit. Quand il tombe, on le laisse se ramasser tout seul et on l'accoutume à ne pas pleurer; il est déjà obéissant. »

Les joies de la paternité, l'animation des séries et des chasses de Compiègne laissaient néanmoins Napoléon III à l'irrésistible impulsion qui devait le conduire à se faire au delà des frontières de l'Empire comme le porte-voix du principe des nationalités.

Ce n'était pas qu'il se sentît contraint à ce moment-là de faire quelque chose au dehors comme dérivatif aux troubles de l'intérieur. Les forces républicaines qui travaillèrent l'Empire dans sa seconde période, veillaient dans l'ombre, impuissantes, découragées, se demandant s'il serait vrai que cet Empire de malheur fût désormais inébranlable, ainsi que ses partisans osaient l'affirmer. La majorité du pays, lasse de divisions dans les esprits et de désordres dans la rue, était avec ces derniers; satisfaite dans ses intérêts et dans son amour-propre d'une prospérité toujours croissante et de la situation extérieure faite à la France impériale.

Les classes ouvrières elles-mêmes qui avaient d'abord regardé d'un œil sombre celui au nom duquel les commissions mixtes avaient déporté tant des leurs au lendemain du 2 Décembre, se tournaient maintenant vers lui, le sentant avec elles. Elles aimaient la belle confiance avec laquelle il se montrait dans les quartiers excentriques, dans les rues populeuses. Elles le saluaient, l'acclamaient parce qu'elles le savaient préoccupé d'améliorer leur sort.

L'empereur était persuadé que les complots les plus redoutables ne viendraient pas de là; la police secrète, de son côté, se montrait plus méfiante à l'endroit des Italiens de Londres qu'au sujet des ouvriers de Paris.

Déjà, au mois d'août 1857, quelques émissaires des adeptes de Mazarin, précurseurs d'Orsini, de Piéri, avaient passé la Manche et s'étaient fait arrêter à Paris, mais l'empereur repoussait les précautions, ne voulait rien changer à ses sorties et répondit au maréchal Magnan qui le lui reprochait : « J'entends n'être pas mis en tutelle et rester libre d'agir à ma guise. Retenez-le. »

Les partis monarchiques sommeillaient, annihilés chez les légitimistes par l'attitude de leur chef, le comte de Chambord ; scindés en deux tronçons chez les Orléanistes par le refus de la duchesse d'Orléans de se prêter à toute pensée de fusion entre les deux branches de la maison de Bourbon.

L'Eglise et le clergé souriaient au souverain, inconscients des périls que le projet, encore caché, d'une campagne contre l'Autriche, allait faire courir au pouvoir temporel du pape.

Il n'y avait alors d'opposition latente, opposition de lettrés, qu'à l'Académie française.

Nous l'avons vue se présenter aux Tuileries avec une sorte d'atticisme, accueillie par Napoléon III avec une courtoisie souriante.

Cette opposition devait s'affirmer sous des formes moins fleuries, bien faible encore, — germe pourtant d'un redoutable ensemble d'adversaires de talent, — en la personne des « Cinq » : les cinq députés de Paris.

A l'agitation électorale des 21 et 22 juin 1857, à celle du mois de Juillet suivant pour les opérations de ballottage, s'ajouta le trouble de quelques esprits à l'occasion des obsèques de Béranger, que nous avons dites solennisées officiellement, avec envois de troupes par Napoléon III et de couronnes par la souveraine. Cette dernière venait de faire demander des nouvelles du malade quand elle apprit sa mort, renonçant alors à se rendre au théâtre où elle était annoncée.

Nous avons dit aussi la belle colère de Jules Janin à propos de ce patronage officiel imposé pour des obsèques qu'il entendait être d'opposition.

CHAPITRE II

LA SUISSE ET NAPOLÉON III.

La volonté absorbante, et qui marqua tout le règne, celle d'unir, de grouper les races, tenait Napoléon III.

Il voulait la Suisse aux Suisses, la Roumanie aux Roumains, l'Italie aux Italiens, la Pologne aux Polonais.

Dès les dernières semaines de l'année 1856, pendant les brillantes séries de Compiègne, puis à Paris, après la rentrée de la cour aux Tuileries, ses préoccupations se tournaient vers la Suisse, où venait de surgir, ensuite du mouvement royaliste du 3 septembre 1856 qui s'était produit dans l'ancienne principauté, la question de l'indépendance définitive du canton de Neuchâtel.

Ce mouvement, aussitôt réprimé par le gouvernement républicain du pays, avait laissé entre les mains de ce dernier un certain nombre de prisonniers dont le roi de Prusse réclamait l'élargissement préalablement à toute négociation entre la Suisse et lui. Il voyait là une question de dignité personnelle et aussi d'attachement à ceux qui venaient de s'exposer pour lui.

Le Conseil fédéral, d'autre part, entendait ne pas entrer dans cette considération.

Il voulait bien l'amnistie, la promettait complète, mais après l'engagement pris par le roi de se désister de ses droits sur Neuchâtel.

De cet état de choses qui allait s'aggravant, pouvait sortir une guerre au centre de l'Europe.

L'effort pour l'éviter n'était pas moins sincère à Londres qu'à Vienne et à Paris.

Même à Berlin, le ministère, beaucoup moins engagé que le roi, souhaitait le règlement pacifique dans un sens contraire aux espérances de Frédéric-Guillaume IV.

« La situation deviendrait toute autre, écrivait Bismarck au ministre des Affaires étrangères, M. de Manteuffel, s'il y avait un moyen d'assurer l'amnistie aux prisonniers sans accepter les propositions de la conférence. » Et il ajoutait qu'en faisant prévaloir par la force les droits de Sa Majesté, « nous ne pourrions compter sur le concours efficace d'une seule puissance, car elles seraient unanimes pour nous entraver. »

Napoléon III, de son côté, n'avait pas appris avec indifférence le mouvement insurrectionnel des royalistes neuchâtelois, sentant bien que ce mouvement, d'où pouvait sortir un conflit entre la Prusse et la Suisse, allait appeler l'attention de l'Europe sur une question restée en suspens depuis le 1er mars 1848.

Tout de suite, puisque le mouvement royaliste du 3 septembre 1856 s'était produit, l'empereur se promit de chercher à en faire profiter la Suisse dans le sens d'un retour définitif à la Confédération du canton de Neuchâtel; un peu inquiet pourtant de la parole que Frédéric-Guillaume IV venait de prononcer : « Je ne renoncerai jamais. »

Puis, sans accepter encore un sacrifice si douloureux pour lui; sans renoncer à une souveraineté devenue une question de sentiment, le roi s'était arrêté peu à peu à la pensée de cette renonciation, ne s'y résignant que dans l'intérêt de son ancienne principauté et de la paix européenne.

Après bien des combats, bien des hésitations, il s'était décidé à s'en ouvrir à Napoléon III, sentant que rien ne pouvait se faire sans lui. « C'est les larmes aux yeux, lui avait-il écrit le 16 septembre 1856, que je m'adresse à Votre Majesté, qui dès son avènement m'a inspiré la plus grande confiance, et à laquelle, ajoutait-il, je serais disposé à remettre comme en dépôt la garde de ma principauté de Neuchâtel. »

Plus affirmatif dans une seconde lettre sur l'article de son désistement, le roi revenait sur la libération avant tout des prisonniers retenus par le gouvernement républicain, s'occupait des garanties à prendre et à stipuler, à propos des biens d'église, des bourgeoisies et fondations pieuses contre les entreprises éventuelles de ceux qu'il appelait « les révolutionnaires neuchâtelois. »

Ce n'était pas, bien entendu, à ces révolutionnaires-là que le roi se confiait.

« Ces ouvertures, écrivait-il, je les fais à l'empereur des Français, non à la Confédération suisse. »

Au lendemain de cette lettre, le 11 octobre 1856, le prince de Prusse, frère de Frédéric-Guillaume IV et futur empereur d'Allemagne, descendait aux Tuileries, impatiemment attendu par Napoléon III, qui attachait à cette visite une importance très grande, non seulement au point de vue de la question de Neuchâtel et de ses relations personnelles avec la cour de Prusse, mais à celui de ses idées sur l'Italie, se flattant d'y amener le prince et pensant l'avoir fait à son départ.

Beau de visage, de haute et noble stature, d'allures chevaleresques en même temps que de manières simples et gaiement familières, le prince de Prusse, très galant de nature, n'eut rien de plus pressé que de contempler l'impératrice et de s'en déclarer le chevalier servant, ne se montrant pas moins captivé par la femme qu'intéressé par le mari qui, de son côté, trouva chez ce prince un homme rompu avec tous les dessous de la politique contemporaine, s'y mouvant à l'aise, en parlant avec intelligence et mesure.

Le prince, d'autre part, retournait volontiers aux souvenirs que lui laissait la première invasion, sans prévoir qu'il lui serait réservé de conduire la seconde.

C'était en 1814.

Agé de dix-sept ans, il était venu en France, ainsi que son frère aîné, à la suite de son père, le roi Frédéric-Guillaume III, et se rappelait avoir été reçu chez l'impératrice Joséphine à la Malmaison, où la reine Hortense lui avait chanté une romance d'elle.

Le maréchal Castellane a noté dans son « Journal » le succès de la visite faite à Compiègne par le frère du roi de Prusse, pendant que sa fille, la comtesse de Hatzfeld, femme du ministre prussien, vantant l'affabilité des souverains français, lui écrivait : « On ne peut avoir été plus charmants qu'ils ne l'ont été tous deux pour nous. »

L'entrain du prince de Prusse, enchanté de l'accueil reçu, très content de sa chasse à Fontainebleau, de ses promenades et de ses entretiens avec l'empereur, ne pouvait que préparer favorablement aux vues de Napoléon III le terrain des prochaines négociations sur l'affaire de Neuchâtel ; mais la cordialité même de cette visite, aussi bien que les lettres échangées avec Frédéric-Guillaume IV, ne laissaient pas que de mettre Napoléon III dans une position délicate.

Placé entre la confiance flatteuse du roi, qui lui livrait sa peine, et ses sentiments d'amitié pour la Suisse, en faveur de laquelle il désirait s'employer utilement, l'empereur, devenu leur arbitre, avait à ménager l'amour-propre et les regrets du roi en même temps que les intérêts de la Confédération, à laquelle l'attachait un souvenir reconnaissant.

Ne pouvant voir sans trouble s'embrouiller une affaire grosse de périls pour le centre de l'Europe et de soucis pour lui-même, il n'en voyait, n'en comprenait la solution que dans le sens du retour à la Suisse du canton de Neuchâtel.

Il savait l'Angleterre avec lui dans une question dont il était presque seul, en France, à se préoccuper. Même dans les milieux officiels, sauf pour quelques hommes d'Etat, quelques diplomates et pour le comte Walewski, alors ministre des Affaires étrangères, la destinée de notre pays ne passionnait personne.

Paris n'avait sur le différend survenu entre Berne et Berlin que des notions vagues.

Qu'est-ce que c'est, disait-on, que cette affaire de Neuchâtel, principauté prussienne en même temps que canton suisse ? En quoi cela peut-il intéresser l'empereur ?

En ce qu'il aime mieux, reprenait-on, avoir la Suisse à sa frontière que le roi de Prusse. En ce que aussi, hôte autrefois du canton de Thurgovie, le prince Napoléon n'eut qu'à se louer de l'accueil des habitants et de l'appui prêté à l'exilé par les pouvoirs publics. Il serait heureux maintenant de montrer à la Suisse, en intervenant dans le débat, qu'il n'a rien oublié.

Mais pourquoi un conflit ? Il s'était donc passé quelque chose ?

Quelque chose d'un peu inaperçu en France, et dont quelques milieux seulement demandaient à être informés.

Le prince Louis-Napoléon établi, en effet, au château d'Arenenberg, s'y était vu recherché par le gouvernement français pendant que la Diète fédérale, réunie à Lucerne en session extraordinaire, délibérait sur les affaires de Schwytz.

Une note du duc de Montebello, ambassadeur de France à Berne, avait appelé l'attention du Conseil fédéral sur ce qu'il affirmait se passer au château d'Arenenberg, devenu, disait-il, depuis le séjour qu'y faisait le fils de la reine Hortense, un foyer d'intrigues dont les conseils du roi Louis-Philippe avaient le droit de prendre ombrage.

M. de Montebello réclamait l'éloignement du prince.

C'était le 3 août 1838.

Le 6, un député thurgovien, M. Kern, en relations de voisinage et d'amitié avec Arenenberg, se prononçait contre une réclamation qui atteignait la personne d'un citoyen de Thurgovie, bourgeois de la Commune, hôte d'Arenenberg, et qui, n'ayant pas démérité, ne pouvait être l'objet d'une mesure exceptionnelle qu'aucune preuve ne motivait.

Kern eut derrière lui en cette affaire le sentiment public, qui bientôt s'anima, non seulement en Thurgovie, mais en Suisse. Les pourparlers engagés avec Paris n'aboutissaient pas, le gouvernement français, pris d'impatience, parlait de rappeler M. de Montebello et de renforcer les corps de troupes réunis à la frontière. Déjà Lausanne et Genève mettaient sur pied leurs contingents, partout l'irritation faisait place à l'inquiétude, quand les pouvoirs cantonaux furent prévenus que le prince Louis-Napoléon, désireux d'épargner à la Suisse des complications à son sujet, se proposait de donner lui-même satisfaction à la France en quittant volontairement « le seul pays, disait-il, où il avait trouvé aide et protection. »

Voilà pour le petit « coin suisse » resté, disait-on, dans le cœur et la mémoire de Napoléon III. Ce dernier n'allait-il pas bientôt, à propos de Neuchâtel, appeler « son vieil ami, » ce même M. Kern, qui avait pris sa défense à la Diète de Lucerne.

Quant à la situation bizarre du pays de Neuchâtel, à cette anomalie d'un canton suisse siégeant en Diète fédérale et qui relevait d'un monarque étranger, les cercles les mieux informés de Paris s'y retrouvaient moins facilement. C'était trop compliqué pour en prendre souci. On s'en remettait.

CHAPITRE III

HEUREUSE SOLUTION DE LA QUESTION DE NEUCHATEL

Pour être principauté Prussienne depuis le 19 mai 1815, ensuite des décisions du Congrès de Vienne, le pays de Neuchâtel, gouverné, administré par des Neuchâtelois, hommes intègres, capables, dévoués, et qui comptèrent parmi eux des intelligences supérieures, des hommes d'Etat, était en somme sous une dépendance plus apparente que réelle.

Sous une forme monarchique, et sous le regard intermittent, assez distrait, d'un gouverneur prussien, le pays avait pris dans sa marche des allures presque républicaines ensuite de ses franchises, de son droit de remontrance au roi et au gouvernement, du développement aussi de sa vie communale et de la situation faite à des bourgeoisies qui s'administraient elles-mêmes.

Restait le sentiment suisse, qui allait se fortifiant, s'affirmant toujours davantage, auquel l'état de choses établi ne répondait pas, et qu'un groupe de patriotes résolus se proposait de ne plus supporter longtemps.

L'occasion fut la rafale qui renversa le roi Louis-Philippe le 24 février 1848, secoua tous les trônes et déposséda, le 1er mars suivant, le roi de Prusse de sa principauté.

Tout ne finissait pas avec une révolution qui n'avait coûté ni sang ni ruines, mais avait fait des blessures et laissait de vifs, de profonds regrets à Neuchâtel et à Berlin.

Très attaché à sa principauté, le roi Frédéric-Guillaume IV, que nous avons montré à Héchingen, en 1852, après un dîner chez lui, ne retenant pas ses larmes en nous parlant de Neuchâtel, son pays de prédilection, entendait ne pas y renoncer.

De là le malaise d'une situation que les pouvoirs suisses tenaient pour définitive et qui, aux yeux du roi, n'était que provisoire.

Les choses en étaient là, quand se produisit, soudaine, inattendue de ceux-là mêmes qui avaient autrefois servi le roi et croyaient le bien connaître, la prise d'armes royaliste du 3 septembre 1856.

Immédiatement réprimée, non sans avoir fait couler du sang, des larmes, ce mouvement, avec ses conséquences, ses emprisonnements, ses récriminations, ses troubles intérieurs, nécessitait le prompt règlement d'un état de choses qui allait appeler, sur la demande même du roi de Prusse, l'amicale intervention du puissant voisin de la Suisse dont la prépondérance se faisait européenne et qui bientôt eut dans sa main la solution de la question neuchâteloise.

On a reproché à Napoléon III d'avoir eu moins de mémoire à propos de la Savoie qu'au sujet de Neuchâtel. Peut-être, mais l'équitable règlement de la question qui mettait en jeu notre petit pays a montré l'empereur resté aussi fidèle au général Dufour dont il avait été l'élève qu'à la Suisse et à son représentant. Très adroitement choisi par la Confédération, ce représentant était précisément M. Kern, défenseur devant la Diète fédérale du prince Louis-Napoléon.

Assisté dans cette mission par M. Barmann, alors chargé à Paris des intérêts suisses, M. Kern devait succéder à ce dernier comme ministre plénipotentiaire.

Au souvenir reconnaissant de l'accueil reçu en Thurgovie et de l'appui donné par les conseils de ce pays, s'ajoutait chez l'empereur, comme facteur favorable à la Suisse, ce principe des nationalités, toujours caressé par lui, qui anima tout le règne et qui allait entraîner le souverain, et l'Europe avec lui dans la voie des grandes unifications de territoires et des groupements de race.

Aussi, « la Suisse à la Suisse », c'était là bien certainement non seulement le vœu, mais la volonté de

Napoléon III en donnant audience aux mandataires des pouvoirs helvétiques le 4 janvier 1857.

L'axiome était plus simple que son application ; et l'empereur ne le cacha point à MM. Kern et Barmann.

Le mouvement royaliste du 3 septembre 1856, qui avait compliqué les choses et ravivé les sentiments du roi, pouvait aussi hâter la solution. Le ministre anglais s'attachait à ce qu'il appelait « une occasion dont il fallait profiter ».

Le projet de rentrer de force dans sa principauté de Neuchâtel avait, d'autre part, hanté quelque temps la pensée de Frédéric-Guillaume IV, mais ses ouvertures à Napoléon III sur l'éventualité d'un passage de troupes prussiennes à travers l'Alsace et la Lorraine, accueillies aux Tuileries avec plus de courtoisie que d'effet, laissaient le roi d'autant plus incertain que le cabinet de Vienne ne voyait pas plus volontiers que ceux de Londres et de Paris ce projet de campagne contre la Suisse.

Déjà la Confédération se mettait en garde, donnait le commandement de ses troupes au général Dufour, dépêchait à Berne, sur le désir du comte Walewski, ministre des Affaires étrangères et de l'ambassadeur anglais, M. Barmann, avec la mission de rendre le Conseil fédéral attentif aux dispositions de Napoléon III et son désir de contribuer à un arrangement honorable pour la Prusse et avantageux pour la Suisse.

Le Conseil fédéral, ayant réuni les Chambres en session extraordinaire, décidait de déléguer M. Kern, assisté de M. Barmann, auprès de l'empereur, avec, entre autres instructions, celle principale d'obtenir son intervention dans la question complexe d'un désistement du roi postérieur à l'élargissement des prisonniers royalistes.

Ce désistement, le roi entendait ne s'y prêter qu'après la mise en liberté et sans en donner auparavant aux pouvoirs helvétiques l'assurance officielle.

La Suisse, d'autre part, réclamait cet engagement avant la mise en liberté.

Napoléon III, auquel le roi avait donné cette assurance, mais à la condition « qu'elle ne serait pas communiquée à la Suisse avant la mise en liberté, » était entré dans les idées du roi dont il fallait ménager l'amour-propre. Il ne pouvait par conséquent donner sur ce point-là satisfaction au Conseil fédéral.

C'est ce dont il informa tout de suite Kern et Barmann en les recevant le 4 janvier 1857, en leur donnant lecture de quelques passages d'une des lettres du roi, relatifs au « sacrifice » d'une renonciation éventuelle et aux droits des bourgeoisies à sauvegarder en ce cas.

Comprenant qu'il n'y avait pas à discuter le point

de l'élargissement préalable, Kern insista sur celui des droits de bourgeoisies, et l'empereur ne lui donna pas tort, mais en recommandant à la Suisse, dont il comprenait d'ailleurs l'effervescence et le sentiment, de ne pas trop appuyer, avant comme après l'amnistie, sur des points de détail.

Ce qui pressait, c'était l'amnistie.

Une fois prononcée par le gouvernement neuchâtelois, l'empereur s'efforcerait d'amener, favorablement au vœu du Conseil fédéral, le règlement définitif.

La Suisse, ajoutait-il, ne tient pas assez compte de la position délicate dans laquelle les lettres du roi le mettaient. Ne pouvant voir d'un œil indifférent les préparatifs militaires de la Prusse, il avait réussi à faire retarder jusqu'au 15 janvier 1857 la mobilisation de l'armée prussienne fixée au 2 janvier et comptait que la proclamation de l'amnistie arrêterait tous les préparatifs.

Si elle ne les arrêtait pas et si le roi, après l'avoir obtenue, revenait sur les engagements pris par lettre avec lui, l'empereur se déclarait prêt à faire sienne la question de Neuchâtel et à la traiter comme s'il était, lui, le gouvernement suisse. Il n'était que temps, d'ailleurs, de procéder à l'élargissement des prisonniers, car « une fois, disait-il, la mobilisation faite, il serait bien difficile d'obtenir une solution pacifique. »

Invité à dîner aux Tuileries, Kern, le café pris, fut emmené dans le cabinet de travail de Napoléon III, qui passa un certain temps à mettre la main sur les deux lettres de Frédéric-Guillaume IV, fouillant dans le flot des papiers épars sur le bureau, dans les casiers débordants, les tiroirs encombrés, pendant que notre ministre suivait le mouvement du haut de ses fortes lunettes.

Enfin, les deux lettres se retrouvèrent; elles étaient écrites en français, et plusieurs des points auxquels elles touchaient furent examinés, discutés par l'empereur et son hôte au cours d'une soirée dont Kern ne put sortir qu'avec la conviction que le souverain français voulait l'émancipation du pays de Neuchâtel, tout en faisant la part des vues, de la dignité et des sentiments du roi de Prusse.

Une guerre à ce propos éveillait les plus vives appréhensions dans l'esprit de Napoléon III, qui ne pourrait, disait-il, « rester simple spectateur des événements et se verrait obligé d'envoyer une armée sur la frontière du Rhin. Que gagnerait donc la Suisse à une intervention armée ? »

Le 8 janvier 1857, dans une seconde audience, les envoyés de la Confédération trouvaient l'empereur assombri par l'information reçue que la Bavière ne refuserait pas le passage sur son territoire des troupes prussiennes; il se montrait en outre très contrarié de la récente proclamation du Conseil fédéral à l'armée suisse.

Pourquoi cette proclamation, dit-il, quand on sait que nous sommes ici en conférence.

« Je fis tout mon possible pour le calmer, » écrit Kern dans l'intéressant ouvrage de ses *Souvenirs politiques.*

Le rôle de notre ministre, au cours de ces audiences et des tractations qui les suivirent, fut celui d'un conciliateur, d'un homme judicieux et d'un sens pénétrant.

Se rendant aussitôt à Berne, il transmit au Conseil fédéral les impressions favorables qu'il emportait, non seulement des audiences des 4 et 8 janvier, mais de sa soirée au palais des Tuileries.

Le Conseil fédéral partagea des impressions qui ne furent pas sans influencer les délibérations de l'Assemblée fédérale, convoquée en session extraordinaire.

Informée de ce qui avait été fait dans le domaine des négociations comme dans celui des préparatifs militaires, cette Assemblée s'inspira des conseils et des dispositions de Napoléon III comme aussi des développements que Kern y apportait, entra dans la voie conciliante qui lui était recommandée, décida par décret du 16 janvier 1857 l'élargissement des prisonniers royalistes, le licenciement des troupes mises en mouvement, la suspension des travaux de défense commencés à la frontière, la communication aux puissances médiatrices de ces mesures, l'envoi de Kern comme plénipotentiaire aux conférences projetées et qui allaient avoir comme base l'indépendance de l'ancienne principauté.

Satisfait de l'attention donnée à ses avis par le Conseil fédéral, heureux aussi de la réunion à Paris des ministres chargés de la solution d'une question qui lui tenait à cœur, Napoléon III se montrait résolu à y contribuer dans la mesure de ses forces.

Et elles étaient grandes, ses forces; mais il ne lui fut pas toujours facile, au cours des négociations engagées, de s'employer dans le sens des aspirations suisses.

La conférence fut traversée d'ajournements et de lenteurs qui inquiétèrent le sentiment public; il y eut du malaise, même de la méfiance, pendant les mois de mars et d'avril 1857. La presse s'anima en articles aigres ou violents à propos des exigences formulées par le roi de Prusse et des points de détail dont il faisait la condition de son désistement. Quelques divergences de vue s'étaient fait jour entre les représentants des puissances médiatrices; l'Angleterre et l'Autriche se montraient moins conciliantes que la France et la Russie; mais ce qui ressortait clairement de l'ensemble des délibérations, c'est qu'une campagne de la Prusse contre la Suisse, mal vue de tous, n'était plus à redouter et que le Conseil fédéral, prudemment informé, ne compromettrait pas l'émancipation finale du canton de Neuchâtel pour des considérations secondaires.

Ce fut là aussi ce qu'espérait Kern en portant à Berne les propositions de la Conférence consenties par le roi et bientôt ratifiées par les Chambres fédérales.

L'acceptation de ces propositions entraînait l'abrogation de l'article 23 du Congrès de Vienne, remplacé désormais par les sages stipulations du traité de Paris qui ont pris place dans le droit public européen.

CHAPITRE IV

ILLUSIONS. — COMTESSE CASTIGLIONE. — COMTESSE WALEWSKA. RÉUNION DU LOUVRE ET DES TUILERIES.

Heureux d'une solution qu'il appelait de ses vœux et à laquelle il avait contribué par sa patiente intervention, Napoléon III pensait n'avoir pas moins à se féliciter du résultat obtenu par la Conférence de 1857 sur l'affaire de Neuchâtel, que des décisions du Congrès de 1856 réuni sous ses auspices après la guerre de Crimée.

Sur ce dernier point, il gardait cette illusion partagée alors par le grand nombre en France et au dehors, que le Congrès de Paris avait fait une œuvre salutaire en arrêtant la Russie sur la route de Constantinople et en insufflant un peu de vie au moribond qu'était le sultan.

S'il ne voyait pas les successeurs de Nicolas Ier reprendre peu à peu sur la mer Noire les avantages perdus, il ne pouvait pas ne pas pressentir le vice fondamental de l'état de choses que les plénipotentiaires de 1856 venaient de consacrer et de solidifier.

Qu'attendre, en effet, d'utile et de stable pour la paix européenne comme pour la sécurité des chrétiens d'Orient confiés à la garde de la Porte, de l'empire croulant et disparate qu'on s'était efforcé de faire durer, où l'Islam fait loi et recommande à ses fidèles la haine du christianisme ?

Ce qu'on pouvait en attendre n'a pas manqué de se produire. Les exactions, les rapines, les tueries, des révoltes atroces, une répression barbare, des exterminations systématiques, une agitation constante, une insécurité de tous les instants, une série de crimes et d'attentats sans nom, tel est le navrant spectacle dont l'Europe est le témoin divisé, impuissant, dans les pays chrétiens soumis au joug des Turcs.

Mais l'heure n'était pas à ces craintes, à ces regrets.

La reprise de la vie officielle, après la rentrée de la cour à Paris, avait été assombrie dès les premiers jours de l'année 1857 par un drame qui déconcerta l'opinion : l'assassinat de Mgr Sibour, archevêque de Paris, tombé à Saint-Etienne-du-Mont en présence des fidèles épouvantés sous le couteau d'un prêtre interdit.

Enorme fut aux Tuileries, à Paris, dans les familles, le retentissement de ce crime.

L'archevêque avait présidé au mariage des souverains, au baptême du petit prince; et l'impératrice ne le vit pas disparaître sans une douleur profonde.

Ce fut pendant quelque temps, et jusqu'après l'exécution du meurtrier, le 29 janvier, comme une stupeur; puis la vie se reprit, intense et prospère dans Paris, avec plus d'animation, plus d'éclat que jamais dans les milieux officiels et mondains.

C'est à ce moment-là, au bal costumé du 17 février 1857, aux Affaires étrangères, qu'apparut une figure dont on s'entretenait sous le manteau depuis les fêtes du Congrès de Paris, mais qui s'était dès lors peu montrée dans le monde.

Florence avant Paris, Victor-Emmanuel II avant Napoléon III, avaient célébré l'étrange et splendide beauté de la comtesse Castiglione, née Oldoini, d'une des meilleures familles de la noblesse florentine.

Présentée aux Tuileries, avec la mission secrète, — nous l'avons vu par une lettre de Cavour, — de capter Napoléon III et de susciter des libérateurs à l'Italie, la jeune femme fit sensation par le resplendissement de tout son être.

D'un caractère audacieux, plus audacieuse encore dans sa façon de faire valoir la variété de ses attraits olympiens, on la vit bientôt, dans une fête, révolutionner les salons en se déshabillant en *Salammbô.*

Avec cela, l'instinct politique des florentines, un

esprit tour à tour viril et gracieux, de la profondeur quand elle le voulait. Dans la conversation, des aperçus nouveaux, beaucoup de finesse, tout ce qu'il fallait enfin pour répondre aux vues de Cavour et peut-être pour enlever les dernières hésitations de Napoléon III.

Consciente de son pouvoir, certaine de son succès, elle eut très vite l'admiration des hommes, mais aussi l'antipathie des femmes, affectant elle-même pour ces dernières le plus parfait dédain.

Elle les ignorait.

Cavour n'avait pas trop présumé de celle en qui il espérait et qui allait pouvoir dire avec un peu de vérité et beaucoup d'exagération : « J'ai fait l'Italie. »

Et elle ajoutait, en soulignant de son sourire de magicienne ce propos d'un joli cynisme : « J'aurais plaint l'Italie si elle n'avait eu pour défenseurs que Victor-Emmanuel, Cavour et Napoléon III. »

Hervé, de l'Académie française, a écrit de cette femme extraordinaire, « que la Grèce l'eût divinisée et donnée pour modèle à Phidias ou à Praxitèle. »

Ne se prodiguant pas dans le monde, elle fit événement, en 1857, au bal du comte Walewski, en y paraissant en dame de cœur ; costume qu'elle ne fut pas la dernière à déclarer symbolique.

Des cœurs partout : ceux qu'elle traînait après elle.

Sur son front hautain, une couronne brisée, en forme de cœur. Le long du corsage, sur la jupe, des cœurs incompris entrelacés en chaînons.

Pour ceux qui ne faisaient, comme nous, que passer et repasser dans les salons près de Mme de Castiglione et qui ne pouvaient juger de la séduction qu'elle exerçait par son esprit, le charme manquait à cette orgueilleuse beauté, vouée au culte d'elle-même et qui s'admira éperdument jusqu'à sa dernière heure dans ce petit appartement de la rue Castiglione encombré de malles et de caisses pleines de vieilles dentelles, de vieux Saxe, d'éventails merveilleux, d'ombrelles à pommes d'or incrustées de pierres fines, de bijoux, d'étoffes anciennes. Il y avait aussi de beaux moulages en plâtre, de nombreuses photographies de son bras, de sa main, du galbe de sa jambe.

Plus intéressants pour la postérité auraient été les papiers qu'elle laissait, mais qui devaient être brûlés et l'ont été à sa mort, sous la troisième République.

Mme de Castiglione eut l'amour de Napoléon III, discret d'abord, caché pendant assez longtemps, puis ébruité, et qui bientôt se fit inquiétant.

Il y a certainement à prendre et à laisser dans les légendes qui se formèrent autour de cette liaison, mais ce qui parait subsister et ce qui aurait contribué à en amener la rupture, en outre des attentats qu'on assurait s'être produits contre le souverain au cours de ses visites à l'hôtel de la comtesse, c'est le caractère de cette dernière, c'est la hautaine désinvolture de sa façon d'agir et d'être.

Nous fûmes témoin de ce qu'elle osait, un soir de bal au palais des Tuileries.

Deux portes, larges, très hautes, à droite et à gauche de la statue en argent massif de Cérès, déesse des blés, communiquaient de la Galerie de la Paix avec la Salle des Maréchaux. Celle de droite, près de l'estrade occupée par la cour, restait fermée, les souverains ayant pris place, jusqu'au moment où quittant leur estrade, ils se rendaient dans la Galerie de la Paix pour y voir danser pendant quelques instants.

Il ne restait alors pour passer d'une salle dans l'autre que la porte à gauche, toujours encombrée par les invités arrivés en retard et qui, ne pouvant la franchir, s'enfiévraient, navrés de ne rien apercevoir du groupe brillant, aussi intéressant que varié, de la famille impériale, des princes étrangers, des ministres et des ambassadeurs.

La comtesse Castiglione, venue en retard et qui n'avait pas obtenu l'entrée de l'autre côté de la Salle des Maréchaux par l'escalier de l'impératrice, avait dû prendre comme les autres le grand escalier d'honneur. Après avoir fièrement évolué à travers les flots agités de la Galerie de la Paix, elle se trouva arrêtée par deux portes, l'une fermée, l'autre inabordable. C'était très contrariant, mais il n'y avait pas là de quoi troubler une femme comme elle; elle n'allait pas peut-être faire le pied de grue au milieu d'un tas de gens sans importance.

Précisément une valse venait de finir dans la Salle des Maréchaux, l'orchestre se taisait, l'instant était indiqué pour une entrée à sensation.

Par qui et comment l'ordre fut-il donné, on ne sait, mais ce dont se rappellent bien les personnes présentes, c'est la minute de silencieuse surprise qui se produisit quand on vit la porte s'entr'ouvrir lentement et livrer passage à la comtesse, qui entra avec une superbe tranquillité et se tint debout dans l'espace resté libre près de la cour.

L'empereur avait regardé sans avoir l'air de voir; mais l'impératrice, levant sur l'intruse son beau regard bleu, la fixa froidement, puis, redevenue souriante, continua sa conversation.

Sa résolution est prise, se dirent ceux qui pensaient la connaître et qui n'avaient pu voir passer dans ses yeux le moindre éclair, la plus fugitive étincelle.

L'épilogue fut le fameux bal costumé du 7 février 1866, dont nous avons parlé ailleurs.

Mme de Castiglione n'y avait pas été priée, mais ne prenant pas son parti d'être exclue d'une pareille fête, avait réussi, on ne sait comment, à se procurer une carte d'invitation.

Vêtue de noir, en veuve du roi Henri II, elle ne traversa qu'un ou deux salons.

On ne lui laissa pas le temps de se montrer dans les autres.

Informé de sa présence, ayant sans doute reçu des ordres, un des chambellans de service, le regard souriant, la bouche en cœur, le bras courtoisement arrondi, s'étant approché de la comtesse, la prévint que sa voiture était avancée et la reconduisit galamment à l'escalier.

L'impératrice avait été quelque temps à ignorer la situation de Mme de Castiglione ; elle ne l'apprit pas sans une douleur qui ne put être secrète; mais si elle n'exerça plus sur les sens de son mari un empire absolu, elle ne cessa pas d'occuper son cœur et de régner sur sa pensée.

Patriote florentine comme Mme de Castiglione, belle aussi, intelligente, mais digne de tous les respects et collaboratrice de son mari aux Affaires étrangères, la comtesse Walewska ne fut pas sans travailler à la solution de la question italienne, au début seulement, s'étant aperçue de concert avec l'impératrice et le comte Walewski que l'empereur, poussé par Cavour, s'engageait beaucoup sur ce terrain et finirait par aller peut-être plus loin qu'il ne le voudrait lui-même.

Cavour le sentit et disait de la comtesse Walewska,

qui devait plus tard témoigner de sa pénétration au sujet du Mexique: « C'est la femme que je redoute le plus. »

De ces dessous de la politique extérieure, peu de chose transpirait au dehors. Même dans les régions du pouvoir, on escomptait en 1857, les bienfaits de la paix de 1856.

A l'ouverture de la session des Chambres, le discours de l'empereur, conscient d'un pouvoir qui l'enorgueillissait, mais ne le grisait pas, refléta la confiance du souverain et celle aussi du sentiment public.

« Fort, disait-il, du concours des grands corps de l'Etat et du dévouement de l'armée, fort surtout de l'appui de ce peuple qui sait que tous mes instants sont consacrés à ses intérêts, j'entrevois pour notre patrie un avenir plein d'espoir. » .... « La France a repris dans le monde la place qui lui convenait et peut se livrer avec sécurité à tout ce que peut produire le génie de la paix. »

Une des belles et grandes créations de ce génie-là fut l'achèvement du Louvre et sa réunion au palais des Tuileries.

Il faut avoir habité Paris avant cela, s'être perdu dans les escaliers, les galeries et les couloirs de bois; il faut avoir traversé journellement les boutiques, les échoppes, les couloirs sombres qui séparaient la rue de Rivoli de la place obstruée du Carrousel, pour se rendre compte de la beauté de la conception et de l'utilité des travaux accomplis.

Depuis François Ier et Catherine de Médicis, les souverains français avaient songé à une transformation achevée en cinq ans par Napoléon III et devant laquelle ses prédécesseurs avaient reculé pendant plus de trois siècles.

L'empereur en fit son œuvre, s'entendit avec Visconti, puis à la mort de cet architecte, avec Lefuel, eut à ses ordres une légion de statuaires, d'ornemanistes, visita les ouvriers, ne marchanda pas les millions.

Commencé le 25 juillet 1852, le merveilleux palais fut inauguré le 14 août 1857 avec la magnificence des fêtes de ce temps-là. Les réjouissances de la fête nationale du lendemain 15 août, ajoutèrent leur note populaire à l'éclat des pompes officielles, mais le génie de la paix dont l'empereur avait parlé à l'ouverture des Chambres ne devait pas tarder à replier ses ailes.

CHAPITRE V

L'ENTREVUE DE STUTTGART. — AU CAMP DE CHALONS.

En coquetterie réglée avec les princes allemands qu'il cherchait à détacher de l'Autriche, Napoléon III caressait son rêve de faire l'Italie libre des Alpes à l'Adriatique et travaillait dans ce but à l'isolement de l'empereur autrichien.

A la déférence, aux visites des princes allemands, il répondait en les recevant en France de manière à flatter leur pays et à les charmer eux-mêmes.

Les confiantes ouvertures du roi Frédéric-Guillaume IV à propos de Neuchâtel avaient valu à ce souverain de la part des Tuileries une sympathie que la visite du prince de Prusse ne pouvait qu'augmenter.

Celle du prince Napoléon à Berlin et à Dresde resserra encore les liens avec la Prusse et la cour de Saxe. Le prince, qui avait laissé à Paris sa brusquerie, ses paradoxes, ses théories avancées, ne s'était montré qu'homme aimable, causeur intéressant.

A Munich, le roi Maximilien de Bavière, ami des lettres, des savants, des artistes, était rentré dans ses Etats après sa visite en France aussi impressionné de la grâce de l'impératrice et du jugement de Napoléon III que de l'éclat qui les entourait et des fêtes données en son honneur. « L'empereur, disait-il, n'est pas seulement le plus grand souverain de l'Europe, il est aussi le meilleur des hommes. Je l'aime autant que je l'admire. »

L'empereur d'Autriche prenait quelque souci de cet échange de prévenances entre Napoléon III et les princes allemands qu'il sentait moins avec lui. Les revendications des patriotes italiens et celles de Cavour au Congrès de Paris, inquiétantes pour ses possessions lombardo-vénitiennes, se dressaient devant ses yeux.

L'annonce de la prochaine entrevue, à Stuttgart, de l'empereur de Russie et de l'empereur des Français n'était pas pour le rassurer, bien que le tsar, devant s'arrêter à Weimar en quittant Stuttgart, se montrât disposé à rencontrer François-Joseph dans cette dernière ville.

Cette rencontre avec celui dont l'attitude pendant la guerre de Crimée avait si profondément froissé la Russie, eut lieu dans les formes voulues, mais sans amener le rapprochement souhaité par François-Joseph. Elle ne peut avoir, disait-on de cette entrevue dans les cercles russes, aucune signification politique.

Ces cercles, en effet, n'apercevaient pas sans un plaisir secret l'éventualité pour l'Autriche d'un amoindrissement qui vengerait les rancunes russes.

Trahie par la fortune des armes, recueillie dans sa défaite, la cour de Russie avait repris, très courtoises, bien qu'avec un peu de méfiance quant aux idées de Napoléon III sur la Pologne, ses relations avec les Tuileries.

Sans emporter tout à fait ces méfiances spéciales la visite du grand-duc Constantin, au printemps de 1857, mit le sceau à une réconciliation définitive entre la France et la Russie.

Le choix même du prince auquel Alexandre II avait remis cette mission, était significatif.

Patriote ardent, le grand-duc Constantin était celui des fils de Nicolas Ier qui avait le mieux compris et le plus encouragé la politique belliqueuse de son père et la continuation de la guerre de Crimée.

Il avait d'ailleurs tout ce qu'il fallait pour réussir aux Tuileries, où l'on n'eut pas grand effort à faire pour le charmer, l'intéresser.

Instruit, lettré, d'une intelligence très ouverte, n'ignorant rien des choses de France, ce prince semblait chez lui dans les résidences impériales.

Nous l'avons entendu nous-même expliquer au

groupe qui l'entourait les souvenirs et les beautés du palais de Versailles avec le sens d'un historien et le goût d'un artiste.

Cette visite, dont les souverains français se montraient enchantés, servit de prodrome à celle autrement importante de Napoléon III à la cour de Stuttgart, où l'empereur avait à rendre au roi Guillaume Ier de Wurtemberg la visite que ce doyen des souverains d'alors était venu lui faire à Paris.

L'entrevue ménagée là entre Alexandre II et Napoléon III fixait l'attention de l'Europe.

A l'aller comme au retour, l'empereur trouva sous les armes, pour le complimenter, de nombreux princes allemands.

Parti du camp de Châlons le 23 septembre 1857, acclamé en Alsace, couvert de fleurs jetées à ses pieds par les dames de Strasbourg, il vit venir au-devant de lui le grand-duc de Bade, qui le voulut à déjeuner le lendemain, à Bade, avec le prince de Prusse.

A Stuttgart, où la cour et la population s'étaient mises en mouvement, l'empereur eut à faire face, écrivait le général Fleury, « à un flot de séductions; » « trônant, » ajoute Imbert de Saint-Amant, « comme une sorte de Jupiter au milieu d'un Olympe de têtes couronnées. »

Il y avait là, en effet, une impératrice, deux empereurs, un roi, deux ou trois reines, une pléiade d'altesses; mais le mot « trônant » est excessif; un des côtés du caractère de Napoléon III étant précisément l'absence de pose; il n'avait jamais l'air glorieux ou surpris de son prodigieux destin. C'est même à cette courtoise simplicité, à son aménité tranquille qu'il dut son succès dans un milieu où la curiosité, chez plusieurs, tenait lieu de sympathie.

Un peu froid au premier moment, empreint bientôt de confiance réciproque et de cordialité, l'entretien du 28 septembre 1857, que soulignait encore la présence à Stuttgart du comte Walewski et du prince Gortschakoff, ministres des Affaires étrangères de France et de Russie, prit tout de suite une importance extrême.

Il y fut convenu qu'en toute occurrence, par la diplomatie ou par l'action, les deux cours se soutiendraient, que rien ne serait entrepris sans entente préalable entre elles tant en Orient qu'ailleurs, et que s'il survenait quelque conflit à propos de l'Italie, entre la France et l'Autriche, la Russie s'engageait à concentrer 150,000 hommes sur la frontière de Galicie.

Peu disposé à laisser sacrifier le roi de Naples aux entreprises du Piémont, le tsar avait fait, quant au trône napolitain, quelques réserves, se montrant pour le reste de bonne composition et laissant

Napoléon III libre de suivre à ses projets sur l'Italie.

Contrairement à la politique des Bourbons de France, qui cherchaient plutôt à diviser l'Europe autour de l'unité française, le penchant de Napoléon III pour le principe des nationalités et les groupements de race devait le conduire à l'unité italienne, puis, bien malgré lui, à l'unité allemande. Ce même penchant allait l'entraîner à une intervention dans les affaires de Pologne dont il n'eut pas à se louer et qui réveilla à St-Pétersbourg les méfiances endormies à Stuttgart.

Cependant les hommes d'Etat de France et de Russie étaient rentrés chez eux heureux de ce qui venait de se conclure dans cette jolie résidence de Stuttgart, une des plus agréables à vivre de l'Allemagne.

Le prince Gortschakoff s'en montrait particulièrement satisfait, vantait le sens politique et la largeur de vues de Napoléon III, considérait le pacte de Stuttgart comme le point de départ d'une alliance plus étroite.

Cette manière de voir était celle des cercles officiels, mais dans ceux de la vieille aristocratie russe se fit jour le sentiment qu'on se pressait un peu de conclure un traité avec un pays aussi changeant, aussi révolutionnaire que la France, entaché irrémédiablement de tendances démocratiques.

On répondait : Nous ne devons pas nous arrêter à ces tendances-là. C'est sur la concordance des intérêts et non sur celle des principes qu'il faut baser une alliance franco-russe.

Il se produisit aussi dans les mêmes cercles quelque mécontentement à propos des détails publiés avec abondance sur les fêtes de Stuttgart.

On s'y déclarait froissé de la place excessive qu'avaient faite à Napoléon III les prévenances des grands et les empressements de la foule.

Pourquoi cette part inégale entre les deux souverains? Il n'y en a eu, disait-on, que pour l'empereur des Français. Vraiment, il semblait qu'on n'eût à s'occuper que de lui. Il n'aurait manqué que de laisser le tsar au second rang !

Cette impression, combattue dans d'autres milieux russes, fut passagère, puis s'oublia dans la préconisation des avantages promis à la Russie, sortie désormais de son isolement.

L'impératrice Marie-Alexandrowna, elle-même, revenant de ses préventions, ne voulut plus se souvenir des douleurs traversées. N'étant allée à Stuttgart que pour complaire à son époux, elle se félicitait maintenant d'un effort qui l'avait mise à même de connaître et d'apprécier Napoléon III.

Encore impressionnée des défaites de la guerre de Crimée, elle ne s'était pas souciée tout d'abord d'accompagner le tsar et d'aller au-devant du vainqueur de la Russie. Restée dans sa famille à Darmstadt, elle ne s'était déplacée qu'après l'entretien du 28 septembre entre les deux souverains, Alexandre II, qui en était sorti le front éclairé, ayant demandé à sa femme de venir sans retard partager sa satisfaction et faire la connaissance de l'empereur des Français.

En rentrant au camp de Châlons, l'empereur rapportait de son voyage mieux que le souvenir des empressements flatteurs de la cour de Stuttgart et de l'évidente recherche de son amitié par la cour de Russie.

La neutralité sympathique du cabinet de St-Pétersbourg que le pacte de Stuttgart assurait aux plans de Napoléon III sur l'Italie n'allait-elle pas le mettre à même de vaincre l'Autriche et d'annexer à la France Nice et la Savoie?

Complimenté à son passage à Bade par le prince de Prusse, plus loin par le prince Luitpold de Bavière, puis à Metz par le prince Henri des Pays-Bas, l'empereur rentrait au camp de Châlons salué par les feux de bivouac illuminant la plaine, par la sonnerie de la retraite à la lueur des torches et y reprit la vie coutumière du camp; vie à la fois familiale et militaire de visites dans les tentes, de revues et de ma nœuvres.

Le soir, des sauteries improvisées ou l'un de ces

petits jeux de société qu'aimait l'impératrice, venue au camp rejoindre son mari, et auxquels nous fait assister l'amusant journal du maréchal Castellane.

Les tentes, les baraquements n'occupaient au camp de Châlons qu'une partie de l'immense quadrilatère; cent mille hommes pouvaient évoluer à l'aise sur le champ de manœuvres. C'est au quartier impérial, au milieu de sa garde, qu'il espérait bien un jour conduire à la victoire, que Napoléon III passait ses meilleurs moments.

C'est là aussi qu'il devait, en 1870, épuiser le calice d'amertume.

« Mon séjour ici, écrivait-il à sa femme, agit toujours sur moi d'une manière favorable. — Dévouement, abnégation, sympathie, voilà ce qu'on respire ici. »

Aimant ses soldats, il en était aimé, allait à eux, savait leur parler, s'informait de leur service, de leur ordinaire, de leur hygiène, de l'état de leurs chaussures.

« L'armée, disait l'impératrice, mais c'est ma rivale ! »

Intéressante, très mouvementée les jours de semaine, la vie du camp de Châlons se faisait, le dimanche matin, d'une grandeur impressionnante.

Sur un monticule, à proximité du quartier impérial, au centre des troupes disposées en rayons, la cavalerie à cheval, l'artillerie toutes pièces attelées.

L'autel se dressait, entouré d'une rangée de sapeurs aux blancs tabliers de cuir et dont les haches brillaient au soleil.

Célébré avec une pompe militaire qui en rehaussait la solennité, l'office divin attirait au camp des populations entières.

Salués dès qu'ils paraissaient par des salves d'artillerie, par des sonneries de trompettes et de clairons, les souverains s'y rendaient à pied, en avant du groupe des généraux et d'un nombreux état-major. Les musiques attaquaient l'air national, les tambours battaient aux champs, les troupes présentaient les armes, saluant, a dit le général du Barail, « celui derrière lequel semblait marcher la patrie debout. ....Les plus sceptiques d'entre nous étaient traversés par des frissons électriques qui raidissaient les membres pour se résoudre en une goutte d'eau dans les yeux....

« A l'élévation, le commandement « genou en terre » retentissait, l'état-major s'inclinait, l'infanterie s'agenouillait en présentant les armes. Sur les chevaux immobiles, les crinières, les aigrettes, les plumets s'abaissaient derrière les raies lumineuses des sabres. Et au-dessus de toutes ces forces, de toutes ces gloires, de tous ces dévouements prosternés, le disque blanc montait vers le ciel, entre les doigts du prêtre.

4

« Pensée profonde et salutaire que celle de donner un pareil éclat au service religieux, de donner à tous ces hommes promis à la mort l'image du Dieu qui s'éveillera dans le cœur des soldats au milieu du danger. Le jour où il n'y aurait plus de croyants, il n'y aurait plus de soldats, parce qu'aucune vision divine ne se pencherait plus sur l'homme pour lui dire qu'en offrant son sang à la patrie, il trouvera là-haut des récompenses plus grandes et plus nobles que les éphémères jouissances d'ici-bas qu'on lui demande de sacrifier. »

CHAPITRE VI

L'ENTREVUE D'OSBORNE.

Revenant dans une lettre au ministre Thouvenel sur le pacte de Stuttgart, le comte Benedetti écrivait : « Tout ceci, après l'entrevue d'Osborne, nous fait une situation incomparable. »

Qu'avait donc été cette entrevue d'Osborne dont les ministres français n'avaient qu'à se féliciter ?

Elle s'était produite quelques mois avant celle de Stuttgart, à propos de l'organisation des provinces danubiennes, des aspirations roumaines et des élections moldaves que la Turquie s'efforçait de fausser.

Très souple au moment de la guerre de Crimée et au lendemain de Sébastopol, la Porte, fidèle à ses traditions de duplicité, s'était hâtée de contrecarrer l'application dans les principautés danubiennes des principes établis par le traité de Paris. Jouant sur les mots, traînant les choses en longueur, guettant les incidents diplomatiques qui l'aideraient à esquiver les engagements pris, la Porte s'attardait aux équivoques, aux promesses, au jeu des « petits papiers, » prêtait une oreille amusée au concert européen dont elle connaissait tous les morceaux, feignant alors comme aujourd'hui, avec le fin sourire de ses titulaires, de les entendre pour la première fois.

Il va de soi qu'elle ne négligeait pas entre les auditions de travailler les élections moldaves, élaborées sous les auspices de Napoléon III, et bientôt faussées par les Turcs.

On sait que les principautés de Moldavie et de Valachie, échappées au joug de la Porte mais restées sous sa suzeraineté, réunies maintenant en royaume de Roumanie sous le sceptre d'un prince étranger, le roi Charles Ier de Hohenzollern, souhaitaient cette transformation et l'avaient vue proposée aux délibérations du Congrès de Paris.

Les objections formulées par la Turquie, l'Autriche et l'Angleterre, firent ajourner la votation de la question roumaine; et il ne resta des controverses soulevées à ce sujet qu'une satisfaction donnée aux idées de Napoléon III sur le droit que doivent avoir les peuples de disposer de leur sort.

Le projet formé par les plénipotentiaires d'une prochaine consultation, sous le contrôle d'une Commission européenne, des principautés elles-mêmes, donnait à l'empereur des Français cette platonique satisfaction.

C'est précisément cette consultation-là que la

Porte s'arrangea à rendre illusoire en faussant les élections. Il devint bientôt évident que l'Autriche et l'Angleterre n'étaient pas sans l'y encourager.

Bien que l'amour-propre britannique eût un peu souffert du prestige acquis à Napoléon III par la guerre de Crimée et le Congrès de Paris, l'Angleterre restait fidèle à l'entente anglo-française qui l'avait aidée à faire de grandes choses devant Sébastopol. Elle y restait plus fidèle que l'ambassadeur anglais à Constantinople, Stratford de Redcliffe, hautain de sa nature, autoritaire, entreprenant, et qui avait peine à se départir de ses habitudes d'exclusivisme.

Préoccupé d'influencer le sultan et de faire prévaloir ses vues personnelles dans les conseils de la Porte, il combattit de concert avec eux la consultation populaire préconisée dans les provinces danubiennes par l'empereur des Français. L'Autriche, de son côté, peu soucieuse de l'essai dans les Balkans d'un système électoral que Napoléon III pourrait tenter plus tard d'introduire dans le nord de l'Italie, entra dans la conspiration.

Il s'établit alors à Constantinople, malgré l'entente officielle entre les deux gouvernements de France et d'Angleterre, sur le terrain des élections moldaves, une lutte occulte et passionnée entre leurs mandataires.

Sous le couvert des aspirations nationales des Roumains se dérobait — au moins aux yeux du public, — la question plus grave encore des aspirations italiennes. L'empereur François-Joseph ne s'y méprenait pas; et c'est de connivence avec l'Autriche que Stratford de Redcliffe, en train de prendre le pas dans les conseils de la Porte sur son collègue de France, se livra à des agissements contraires aux instructions reçues par ce dernier.

Homme d'action en même temps qu'écrivain de mérite, Thouvenel se mit en mesure de barrer le chemin au collègue entreprenant dont la colère bientôt ne fut plus un secret.

Bien qu'entièrement dévoué à Napoléon III, Thouvenel, ainsi que plusieurs de ses collègues, ne partageait que de très loin le penchant de son maître pour les consultations populaires. L'orientation donnée à la politique extérieure de la France l'étonnait jusqu'à l'inquiétude; il l'avait écrit à son ami Benedetti : « Je suis profondément navré de la façon dont nos affaires extérieures sont conduites. »

On lui fait alors entendre qu'il y a des dessous de cartes dont il faut chercher le secret dans le cabinet de l'empereur.

« Alors, je ne dis plus rien, » répond Thouvenel. Et il agit, sans beaucoup de conviction peut-être, mais avec une clairvoyante activité, cherchant à mieux saisir la pensée de son maître et déjà disposé à se rattraper, en 1859, dans la question italienne, de ses doutes de 1857 dans la question roumaine.

Il lutte activement contre Stratford de Redcliffe, qui sent un obstacle, flaire un rival, se démène, se cabre, insiste violemment auprès du grand vizir.

Raschid-Pacha, se sentant appuyé par l'ambassadeur anglais et le ministre autrichien, ne sert plus à Thouvenel que des faux-fuyants, s'enferme dans un système de réticences.

Napoléon III s'aperçoit que la Porte continue à tout promettre sans rien tenir, que ses manœuvres triomphent dans les principautés danubiennes et que les agissements de Stratford de Redcliffe, sur le Danube comme à Constantinople, menacent de compromettre l'entente amicale qui s'est établie entre Osborne et les Tuileries.

Il faudra qu'on le désavoue.

Thouvenel reçoit des ordres, prévient la Porte qu'il n'admettra plus aucun atermoiement, que la patience de Napoléon III est épuisée et que s'il ne procède pas immédiatement à l'annulation des élections moldaves, il ne resterait à l'ambassadeur français qu'à demander ses passeports.

D'ostensibles préparatifs de départ soulignèrent l'information, mirent en émoi la Porte et le sultan. « Que je suis malheureux de cette rupture, disait ce dernier, dans son audience de congé à M. Thouvenel, avec une puissance qui a tout fait pour mon Empire et pour moi! »

Entre-temps, Napoléon III s'était embarqué pour Osborne avec l'impératrice, sans s'être attardé beaucoup aux ovations du Havre et de Rouen, regardant plus volontiers aux illuminations et aux eaux retombantes de la terrasse d'Osborne.

Il y débarquait avec le projet d'amener la reine Victoria et ses conseils à désavouer Stratford de Redcliffe, à s'intéresser aux aspirations roumaines; disposé lui-même à transiger, à faire des concessions, mais bien décidé à obtenir l'annulation des élections moldaves, qu'il entendait être la manifestation du sentiment public dans les principautés danubiennes et non un simulacre sous la pression des Turcs.

Cette annulation entrainerait le désaveu par le gouvernement anglais de Stratford de Redcliffe, la destitution du grand vizir, l'humiliation de la Porte et la déconvenue de l'Autriche.

C'est là ce que voulait l'empereur, qui y arriva en consentant à ajourner la transformation en royaume de Roumanie, sous le sceptre d'un prince étranger, des principautés de Moldavie et de Valachie.

Outre la satisfaction de s'être fait écouter sur les bords du Bosphore et sur ceux du Danube, Napoléon III emportait de son séjour à Osborne, de ses conversations avec la reine Victoria, le prince Albert et les ministres anglais, — avec lesquels il avait appelé Persigny et Walewski à venir conférer, — le sentiment que « l'entente cordiale » était raffermie, qu'il ne subsistait plus aucun malentendu.

La reine, qui pense comme lui, l'écrit au roi des Belges : « Cette visite a été un bienfait du ciel, car les malheureuses difficultés des principautés ont été aplanies et réglées d'une manière satisfaisante. »

Tranquillisée au point de vue de l'entente, la reine Victoria ne l'est pas moins à celui plus spécial de ses hôtes, qu'elle se troublait un peu de recevoir dans une simple villa; « mais, écrit-elle, ce sont les hôtes les plus aimables, les meilleurs et les moins gênants qu'on puisse rêver. » — « Le bon Osborne n'a rien changé à sa simplicité, à son caractère familier. »

Il y a aussi Albert, « qui s'engoue rarement des dames et des princesses, » mais qui est « l'admirateur déclaré de l'impératrice. » Il a beaucoup causé avec l'empereur, très franchement, ce qui faisait dire à Palmerston : « Le prince peut dire des choses que nous ne pouvons pas dire. »

« On ne saurait trop estimer, écrivait de son côté lord Clarendon, l'importance de cette visite, car l'empereur, c'est la France; la France sous sa forme la meilleure, parce qu'il lui est permis de céder à de généreux mouvements et d'apprécier la vérité. »

Les lettres échangées après le départ d'Osborne témoignent des sympathies réciproques et de l'intimité qui s'étaient établies entre les deux cours.

« Il est si doux pour nous, écrit Napoléon III, de penser qu'en dehors des intérêts de la politique, Votre Majesté et sa famille ressentent quelque affection pour nous. »

« Nous ne pouvons trouver, lui répond la reine Victoria, ni de plus grande consolation, ni de plus sûr appui que la sympathie et le conseil de celui et de celle qui sont appelés à partager notre sort dans la vie. — La chère impératrice, avec ses généreux instincts, est votre ange gardien, comme le prince est mon véritable ami. »

Cette satisfaction de la reine Victoria au sujet de la position à prendre sur le Bosphore et sur le Danube fut loin d'être partagée par toute la presse d'Outre-Manche; Thouvenel passa dans plus d'un journal anglais pour avoir agi à Constantinople en « adepte de Mazzini, » et pour s'être comporté en Mentschikoff d'avant la guerre de Crimée.

La raison donnée par lui au nom de son maître ne devait toutefois pas corriger la Porte, qui ne s'est jamais inclinée que devant la force « émanation de la volonté de Dieu, » disent les Arabes.

N'est-il pas écrit dans le Coran : « Insensé celui qui insulte le maître du sabre. »

Ce maître-là est le seul sera toujours le seul auquel se soumettra le sultan.

Ne venons-nous pas de le voir une fois de plus avec un des successeurs de Thouvenel à l'ambassade de France à Constantinople ?

M. Constant, représentant de la troisième République à Constantinople en instances auprès de la Porte, n'a pu en finir avec les subterfuges d'usage qu'en usant du procédé de l'ambassadeur de Napoléon III.

Ce procédé, que l'Angleterre, après l'entrevue d'Osborne, s'employa à rendre efficace à Constantinople, avertit l'Autriche qu'elle n'aurait pas à se féliciter de s'être associée à Stratford de Redcliffe pour contrarier la politique française dans les principautés danubiennes.

Diminuée par l'entrevue d'Osborne, l'Autriche se sentit atteinte par celle de Stuttgart. Les transactions de 1857 contenaient en germe les événements de 1859.

« Il n'y a plus de nuages, » disait-on après Osborne dans les cercles officiels ; mais dans la pensée de Napoléon III les nuages subsistaient, voulus, entretenus par lui.

Il emportait, en effet, de sa visite à Osborne la conviction que le gouvernement anglais, ainsi que la reine et son mari, restés fidèles aux traités de 1815, n'entreraient jamais dans ses vues sur leur abrogation. D'accord avec lui sur le retrait des stipulations de ces traités quant à la situation faite au canton de Neuchâtel, la reine et ses ministres, il le sentait, n'appuieraient ni ses projets de campagne contre l'Autriche, ni quelque remaniement que ce soit de la carte de l'Europe.

C'est en considérant que la Russie lui serait dès lors plus utile que l'Angleterre, que Napoléon III avait préparé l'entrevue de Stuttgart.

Cela perça peu à peu dans le corps diplomatique et dans le monde officiel. Il y devint évident que Stuttgart laissait Osborne au second plan et que les souverains russes avaient pris le pas au palais des Tuileries sur les souverains anglais.

Nous allions nous-même, quelque temps après, approcher à St-Pétersbourg ceux dont s'occupaient si fort la cour et la société du second Empire.

CHAPITRE VII

AU PALAIS D'HIVER.

Le voyage qu'il fallait faire en ce temps-là pour se rendre au pays des tsars n'était pas simple.

Le chemin de fer de Varsovie à St-Pétersbourg se construisait et il ne restait, en hiver, pour franchir d'interminables étendues de neige et de glace, pour traverser les rivières congelées, d'immenses forêts propices aux loups, qu'un service postal de traîneaux.

Il n'y avait pas pour mouvementer un trajet empreint de caractère et de couleur locale, à défaut de confort, que les secousses, la fatigue et le froid. Tous les loups n'étaient pas au fond des bois; il en apparaissait quelques groupes inquiétants, aux grands relais, sous forme de Juifs graisseux, rampants, rapaces dont il y avait lieu de se méfier. Leur adresse déjouait si bien la surveillance la plus suivie, qu'une partie de nos provisions de route y passa : des côtelettes de veau panées, entre autres, savoureuses à l'œil, qui devaient l'être au palais, et que nous nous proposions d'arroser au premier repos de l'excellent thé qu'on sert partout là-bas.

Sans y aller d'un pleur, nous y songions avec quelque mélancolie, quand nous nous aperçûmes qu'une couverture de voyage, indispensable en ces climats, avait doucement suivi le chemin des côtelettes.

Bref, un voyage d'incidents continuels, de retards imprévus, de limonières cassées, de traits rompus, de harnachements en déroute, de cris étourdissants, de coups de fouet furieusement distribués, d'imprécations qui devaient être effroyables, de culbutes toujours imminentes.

Mais on ne culbute pas, on finit par arriver ; et ce n'est pas sans un plaisir intense, après cette course échevelée, burlesque, aveuglante à travers les solitudes du steppe, qu'on retrouve l'animation et le mouvement d'une grande ville.

C'est le soir.

La capitale de toutes les Russies est ensevelie sous la neige, mais dans les grandes artères brillamment éclairées, tout est vie, fourrures et traineaux découverts, rapides comme des flèches.

Le carnaval bat son plein.

Déjà, à Varsovie, pendant notre séjour, la société était en liesse, tous les salons s'ouvraient ; on ne quittait les tables, fleuries à ravir et bien pourvues que pour la danse et la musique. En une semaine nous avons vu danser là plus de polonaises que pendant toute notre vie. Et avec quel entrain, quelle grâce, quel sentiment du rythme! Et des ronds de bras, des sourires, des regards charmeurs, caressants!

On ne sait pas ce que c'est qu'une polonaise quand on ne l'a pas vue danser à Varsovie.

C'est tout à fait esthétique.

On la danse aussi à St-Pétersbourg, même au Palais d'Hiver, mais ce n'est pas ça.

Ce qui est « ça », sur les bords de la Néva comme sur ceux de la Vistule, c'est l'entraînement de la société russe en temps de carnaval.

La « semaine folle, » c'est son nom, est commencée. A ses derniers jours, la farandole est générale. A ses dernières heures, c'est de l'affolement. On sera exténué, on s'étouffera peut-être, mais on dansera, on mangera jusqu'à ce qu'on n'en puisse plus.

Et tout le monde en pourra.

Au Palais d'Hiver, il y a sauterie l'après-midi et petit bal le soir. Les souverains y sont accueillants, mais plutôt sérieux, bien que tout autour d'eux soit à la joie, comme dans la polka de Farbach.

La Russie a fait partie des puissances médiatrices à la Conférence de Paris en 1857. Sans heurter la Prusse et tout en ménageant la dignité de Frédéric-Guillaume IV, elle est entrée dans les vues de Napoléon III quant au retour définitif et rationnel du canton de Neuchâtel à la Suisse. Alexandre II ne l'oublie pas, veut bien nous en parler avec intérêt, s'informe de la situation présente, revient sur le passé avec un mot de sympathie pour ceux que leur fidélité de royalistes a conduits à exposer leur pays et leur personne, mais dont la tentative de 1856 n'avait abouti qu'à hâter la fin de l'ancienne principauté.

Plusieurs parmi ces derniers comptant au nombre de nos meilleurs amis, et notre famille étant restée complètement en dehors d'un mouvement qu'elle ignorait, nous étions à l'aise pour écouter et pour répondre.

Avec sa haute stature, son noble front, ses grands yeux bleus, son « regard de tsar, » comme on disait dans les salons de St-Pétersbourg, — regard qu'il tenait de son père, et dont l'empereur Nicolas Ier, on l'assurait dans les mêmes salons, usait volontiers — Alexandre II ne laissait pas que d'être imposant; mais il y avait dans toute sa manière d'être quelque chose de simple et de bienveillant qui atténuait la dignité de son extérieur.

On était vite à lui en voyant de près le futur libérateur du servage, qu'une épouvantable fin devait si mal récompenser.

Marie-Alexandrowna, au premier abord, semblait moins attirante.

Distinguée de tournure et de traits, le sourire doux, le regard pensif, l'air grave, sa bienveillance triomphait bientôt de cette première impression. De goûts sérieux, d'une santé délicate, c'était une femme de mérite et d'intérieur plutôt qu'une souveraine brillante. Ne voyant dans les choses de la représentation, dans les fêtes à donner, qu'un devoir à remplir, elle ne tenait pas à la vie mondaine.

On s'était beaucoup occupé d'elle à propos de l'entrevue de Stuttgart où elle avait d'abord souhaité ne pas paraître et dont elle gardait maintenant le meilleur souvenir, revenant sur son regret de n'avoir pas rencontré là l'impératrice Eugénie.

Alexandre II s'étant éloigné, elle était venue à nous, causant de voyages et nous demandant si nous comptions en faire. A quelques mots sur celui dont nous sortions encore tout essoufflé, et qui, pour l'heure, nous suffisait, elle s'étonna doucement. Evidemment, il n'y avait là, pour elle, qu'un simple déplacement, une promenade peut-être. Ce n'était pas un voyage cela.

Ce fut à notre tour de nous montrer surpris.

« Mais, Votre Majesté, c'est, *au contraire,* un voyage énorme. Nous en sommes encore frissonnant, exténué, meurtri. »

Continuant sur le mode lyrique, nous allions arriver à l'aventure de la couverture de voyage et des côtelettes, peut-être même à celle de deux petits pains et de plusieurs ronds de saucisson, disparus en même temps, quand le sentiment de l'incorrection commise par cet « au contraire, » étourdiment jeté, nous saisit à la gorge.

L'impératrice, qui ne semblait pas y avoir pris garde, nous regardait, compatissante, avec l'air de penser qu'il n'y avait pas en nous l'étoffe d'un explorateur, que le sens de l'ethnologie nous manquait et qu'il ne nous était pas réservé de faire beaucoup pour l'avancement, dans le domaine de la géographie, des découvertes scientifiques.

Sa bienveillance toutefois nous aurait rassuré, s'il n'y avait pas eu là, respectueux et gardant la distance voulue, un maître des cérémonies qui nous fit l'effet de n'avoir pas l'oreille pesante. Il devait avoir entendu notre « au contraire ». Alors, autant valait lui en parler tout de suite, dès que Marie-Alexandrowna se serait éloignée.

« Voilà, en effet, nous dit-il avec une conviction des plus courtoises, un mot que Sa Majesté aura sans doute entendu pour la première fois dans le sens que vous y avez mis. »

C'était pour nous achever.

Ce chambellan de malheur ne pouvait-il pas atténuer notre ennui au lieu de le souligner? C'était dans ses attributions d'homme de cour, cela.

Il ne nous restait qu'à chercher ailleurs un peu de distraction ; ce qui ne fut pas difficile dans un milieu aussi intéressant par les personnes que par les choses, sous le ruissellement des lustres, avec la variété des uniformes, le luxe des toilettes, la gracieuse élégance des femmes, la somptuosité des salons et des galeries dans les grands appartements ; le goût parfait des arrangements dans ceux qu'habitaient les souverains et dans lesquels nous avions été présenté.

Il y avait aussi l'entraînant orchestre, des buffets abondamment servis, du champagne frappé, versé dans de jolies coupes au fond desquelles il était aisé de laisser ses remords.

Moins formaliste que son service, Marie-Alexandrowna devait d'ailleurs se charger de les éteindre par une nouvelle invitation ; puis, à propos d'un livre, par le don d'un saphir de la plus belle eau cerclé de diamants.

Serait-ce que ce fâcheux « au contraire » fût reçu, à l'égard des souverains, dans le langage des cours ? Nous n'avons pas cherché, dès lors, à nous en informer.

CHAPITRE VIII

LA NUIT DU 14 JANVIER 1858. — LES DISCOURS DE NAPOLÉON III. — SES COLLABORATEURS.

L'année 1858, moins heureuse à ses débuts pour le second Empire, que sa devancière ne l'avait été jusqu'à ses derniers jours, s'ouvrit par l'attentat du 14 janvier.

Moins honorables que les moyens employés par la comtesse Walewska et plus violents que ceux dont se servait Mme de Castiglione pour activer l'affranchissement du nord de l'Italie, quelques sectaires de ce pays, Pianori en 1855, Tibaldi en 1857, avaient rappelé par leurs attentats à la vie de Napoléon III qu'il n'était pas sans péril pour lui de se faire, à Rome, le protecteur du pape.

Plus pressants encore, Orsini et ses complices, fabricateurs de bombes dont le choc sur le pavé devait déterminer l'explosion, allaient démontrer qu'il n'était plus de sécurité pour celui qui tardait à répondre aux espérances des patriotes italiens.

L'avis en était venu de Jersey, au mois de juin 1857, confirmé en quelque sorte, le 9 janvier 1858, dans un manifeste de colère publié à Gênes par Mazzini. Tôt après, une dépêche adressée de Bruxelles au ministère des affaires étrangères insistait sur l'imminence du complot en question et sur le départ pour Paris du plus déterminé des complices d'Orsini, un nommé Piéri, originaire de Florence.

C'était après quelques entrevues avec plusieurs réfugiés de Londres que Piéri, passant par Lille, avait pris la direction de Paris.

Orsini, que Gomez et Rudio allaient rejoindre dans cette ville le 8 janvier, avait échappé à l'attention de la police, absorbée dans sa recherche de Piéri.

Beau cavalier, Orsini s'appliquait à étudier les habitudes de Napoléon III, s'arrangeait à le rencontrer dans ses promenades au bois de Boulogne, où personne n'eût soupçonné chez ce promeneur élégant le chef du complot qui allait épouvanter Paris.

Au cours de sa sortie en voiture avec le duc de Saxe-Cobourg dans la journée même du 14 janvier 1858, l'empereur avait dit à son hôte, en passant sur le Pont-Neuf, près de la statue d'Henri IV : « Je ne crains que le poignard comme celui de Ravaillac. »

Il devait y avoir, le soir, au bénéfice du baryton Massol, spectacle coupé à l'Opéra, avec la Ristori dans *Marie Stuart*. Les souverains s'y étaient fait annoncer ainsi que leur hôte et se préparaient à quitter les Tuileries, pendant que les conjurés, munis de leurs engins, prenaient position à l'entrée et sur le trottoir de la rue Le Pelletier, en face du théâtre.

Sur le boulevard, dans la rue, une foule énorme attendait le cortège, qui s'engagea à huit heures et demie dans la rue Le Pelletier.

La première voiture, occupée par les officiers de la maison de l'empereur et suivie des lanciers de la garde qui précédait la voiture impériale, venait de dépasser le péristyle sous lequel les souverains allaient descendre, quand trois explosions successives, se produisant en avant de l'attelage et sous la voiture même, aussitôt enveloppée d'une pluie de projectiles, jetèrent dans la foule le désarroi et l'affolement.

L'obscurité s'était faite, la force de la commotion ayant éteint les réverbères et les cordons de gaz, brisant les vitres du péristyle et des maisons voisines, couvrant de débris le pavé inondé de sang.

Dans la panique, ne sachant de quel côté fuir pour échapper aux bombes, la foule se jetait sous les chevaux, qu'on ne pouvait plus maîtriser ou qui se débattaient dans les convulsions de l'agonie.

Les éclats de mitraille, perforant la marquise du théâtre, atteignant le cocher, les valets de pied de la voiture impériale, tuant un des chevaux, blessant les soldats de l'escorte et de nombreux spectateurs, avaient troué le chapeau de l'empereur, touché à la nuque et à l'épaule le général Roguet assis sur le devant de la voiture.

Quelques officiers de paix ayant dégainé se précipitèrent à la portière l'épée nue. « Des poignards maintenant! » s'écria l'impératrice, qui ne voyant que les lames, se jeta sur l'empereur et le couvrit de son corps.

Sa robe de satin blanc était tachée de sang; on la crut blessée. « Laissez, dit-elle en descendant de voiture. Ne vous occupez pas de nous. Ne songez qu'aux victimes. »

Prenant le bras de l'empereur, resté impassible, dans un tumulte de plaintes et de vivats, d'imprécations, de cris déchirants, tous deux montèrent le grand escalier et parurent dans leur loge, salués par un ouragan d'acclamations et de vœux. L'empereur s'inclinait, l'impératrice avait repris son sourire, mais sa pensée n'était pas aux ovations et volait aux Tuileries, près de son fils. La rage des assassins ne se serait-elle pas aussi portée de ce côté-là ?

Un message rassurant ne tarda pas à la tranquilliser.

« J'ai miraculeusement échappé, disait l'empereur à M. de Heckeren, mais le roi Louis-Philippe a été l'objet de dix tentatives; et je n'en suis qu'à la quatrième. J'ai donc encore de la marge devant moi. »

Quand le prince Napoléon, qui avait soirée chez lui, se présenta dans la loge : « Va rejoindre tes invités, et fais jouer ta comédie, lui dit l'empereur, elle est de circonstance. »

C'était *Quitte pour la peur*, d'Alfred de Musset, qu'on devait représenter dans les salons du Palais-Royal.

L'impératrice, que cette soirée tentait, avait parlé de s'y rendre, attirée par le nom qui figurait au programme de Mme Arnould-Plessy ; elle y avait renoncé sur le désir de l'empereur qui lui demandait de l'accompagner à l'Opéra.

Aux Tuileries, à la nouvelle de l'attentat, de nombreux fidèles, des sénateurs, des députés, des membres du corps diplomatique n'attendaient pas sans angoisse le retour des souverains, qui ne voulurent quitter le théâtre que vers minuit. La représentation s'y était reprise, une fois la salle rendue au calme, pendant que la nouvelle jetait Paris dans la stupeur. L'émotion était partout, dans les théâtres, les cafés, les salons. On s'écrasait dans les rues.

« L'impératrice a été superbe, disaient les partisans du règne. L'empereur ne s'est pas un instant départi de son calme. Il croit à son étoile. C'est un crâne. »

« C'est un veinard, reprenaient les adversaires. Il a encore échappé cette fois, mais il a eu peur; on l'a vu. N'est-il pas un ancien carbonari, affilié à la force occulte des sociétés secrètes? Il feint de l'oublier. Orsini le lui rappelle. »

Toute la nuit les racontars allèrent leur train et comme toujours, il y en eut d'assez drôles; celui entre autres d'une prétendue dépêche dans laquelle, à propos de la blessure du général Roguet, il était dit que le « roquet » de l'impératrice était atteint.

Rentrés aux Tuileries après avoir traversé dans les rues spontanément illuminées, accueillis par d'incessantes clameurs, les flots d'une mer humaine, les souverains répondirent calmes et graves aux félicitations qui les reçurent. Moins occupés du péril couru que des victimes tombées autour d'eux, ils épuisèrent en parcourant les salons pleins de monde tous les témoignages de sympathie.

Restée seule, l'impératrice trouva dans le Psaume 68 où David rend grâce à Dieu de ses miséricordes à l'égard du peuple hébreu et de son roi, cette parole qu'elle disait avoir été une force pour elle: « J'ai mis mon secours sur un homme fort, j'ai élevé mon élu au milieu de mon peuple. — Ma main sera ton appui et mon bras te fortifiera. »

Le lendemain, 15 janvier, sortis en voiture découverte, sans escorte, les souverains se rendirent par les boulevards à l'hôpital où les soldats blessés de l'escorte étaient soignés et se virent acclamés par la foule accourue sur leur passage avec une sorte de furie. En sortant de la chapelle, le dimanche matin, ils avaient trouvé rangés sur leur passage tous les généraux et officiers supérieurs présents à Paris. En s'adressant à eux comme en recevant les présidents des deux Chambres, comme aussi dans son discours du lendemain, à l'ouverture de la session, l'empereur, donnant toute sa pensée à ceux que les auteurs de l'attentat avaient sacrifiés en si grand nombre pour détruire la vie d'un seul, trouva des paroles qui impressionnèrent le pays.

Napoléon III, qui n'eut pas comme l'impératrice le don entrainant de la conversation, avait en échange celui de dire juste et bien ce qu'il y avait à dire dans ses harangues publiques. Quelques-uns de ses discours, substantiels en même temps qu'élevés, resteront.

Il a un tour à lui pour dire les choses, remarquait Prosper Mérimée.

C'est une page de Plutarque, proclamaient les enthousiastes.

C'est du Mocquart, tout bonnement, reprenaient les sceptiques, décidés à ne jamais voir l'empereur qu'à travers son chef de cabinet, devenu à leurs yeux un Richelieu de seconde main.

Mocquart cependant n'était pour rien dans la facilité, la netteté, la mesure parfaite qui marquaient le langage écrit de Napoléon III. Les brouillons sur lesquels il lisait sans les avoir recopiés ses messages aux Chambres, toujours d'une belle venue, étaient faits à la dernière heure, rapidement, sans effort.

« Je t'envoie mon brouillon sur lequel je l'ai lu, » écrivait-il à l'impératrice en quittant la Salle des Etats, après son éloquent discours de 1855, « car, suivant mon habitude, il y a une heure à peine que je l'ai terminé. »

Esprit laborieux, grand travailleur, Napoléon III avait pris l'habitude de veiller tard dans son cabinet de travail, ce qui inquiétait l'impératrice autant que les médecins. Félix, le fidèle valet de chambre, avait l'ordre de se présenter si cela se prolongeait trop et de rappeler l'heure. « C'est bien, Félix, j'y vais, » répondait le souverain ; mais il « n'y allait pas. »

Les discours de l'empereur ne furent pas moins discutés que ses lettres; et ceux qui persistaient à n'attribuer qu'à d'adroits collaborateurs son langage écrit ou parlé, se donnèrent carrière au sujet de sa *Vie de César;* ce livre qui a fait couler tant d'encre, dénigré impitoyablement, et qui subsistera néanmoins comme document à consulter pour l'histoire de la guerre des Gaules et de la campagne de Jules César en Portugal.

Il fut beaucoup question, au sujet de ce livre et de ses autres écrits, des collaborateurs de Napoléon III, notamment de Mocquart, auquel le souverain remettait le soin de jeter un dernier coup d'œil sur les brouillons qu'il venait d'achever. On partit de là pour ne plus attribuer qu'à Mocquart le succès des lettres et des discours de Napoléon III, dont on feignit de méconnaitre l'initiative et qu'on affectait d'appeler un nouveau « Taciturne; » mais tout en s'en remettant à Mocquart pour quelques corrections de détails, l'empereur n'en maintenait pas moins sa manière de voir, n'exposait que des idées bien à lui, y tenait, ne s'en laissait pas facilement détourner, prompt à se dégager des tentatives de pression qui pouvaient se produire.

Sans être, comme beaucoup l'affirmaient, la pensée même du souverain, Mocquart savait s'identifier avec elle, la saisissait rapidement, mettait à la rendre une grande sûreté de main, revoyait adroitement les projets de discours, de lettres ou d'articles à faire insérer dans les journaux, que l'empereur venait d'ébaucher hâtivement, en allumant et en rejetant, à peine commencé, un tas de cigarettes. Il était bien rare que ce dernier en vienne à biffer ou seulement à discuter les annotations et les retouches de son chef de cabinet.

Ce rôle assez délicat revint plus tard à Conti, qui

le remplit avec intelligence, mais sans avoir avec son maître la même intimité.

Napoléon III, qui ne craignait pas de s'évader à l'occasion de l'enveloppement officiel et de donner directement, par-dessus la tête de ses ministres ou de ses ambassadeurs, l'impulsion au gouvernement de ses idées personnelles, eut pour l'y aider d'autres collaborateurs que ses deux chefs de cabinet.

On en nommait plusieurs : Granier de Cassagnac, Auguste Vitu, Clément Duvernois, Morny, le docteur Conneau, tous habiles à s'assimiler les questions, non seulement dans le domaine de la politique, des finances ou de l'administration, mais dans celui des théâtres, des lettres et des beaux-arts.

Ces propagateurs de sa pensée, chargés de la répandre, d'y préparer l'opinion et d'y amener le gouvernement, Napoléon III les discernait dans son entourage, dans la presse libérale et dans celle d'opposition. Havin, directeur du *Siècle,* fut de ces derniers, travailla avec le souverain, s'entendant avec lui sur la façon qu'il convenait de présenter dans telle brochure, dans tel article de journal, la question à l'ordre du jour ou celle plus passionnante dont le public se préoccupait. C'est ainsi que fut combattue en plus d'une rencontre la direction prise par le gouvernement; et cela au profit de celle souhaitée par le souverain. Des polémistes contraires au règne se trouvèrent devenus, parfois sans le savoir, les porte-parole de Napoléon III.

Si le plus confidentiel, le plus aimé, spécialement quant aux informations à prendre, d'entre les collaborateurs de Napoléon III, fut certainement le docteur Conneau, le plus illustre d'entre eux et celui auquel allèrent, à propos de cette alliance occulte, les reproches les plus amers, s'appela La Guéronnière.

Sa plume, devenue l'organe persuasif et secret des mobiles auxquels obéissait l'empereur, se fit magistralement explicative dans la fameuse brochure *Le Pape et le Congrès*, dont il se vendit deux cent mille exemplaires.

Il y eut plus d'une ombre passagère au cours de cette intéressante collaboration entre le publiciste et le souverain; celle-ci, en particulier, toute à l'honneur du publiciste, heureux de recevoir des mains d'un aide de camp, de la part du souverain, un artistique petit coffret incrusté de pierreries; mais au fond de ce coffret, se cachait une liasse de vingt billets de mille.

Estimant ne pouvoir garder que le contenant, La Guéronnière retourna le contenu, avec une lettre dont les termes galants ne ramenèrent pas tout de suite à son collaborateur l'esprit généreux de Napoléon III.

CHAPITRE IX

AU LENDEMAIN DU 14 JANVIER 1858. — CRISPI ET L'ATTENTAT. — CRISPI ET NAPOLÉON III.

Le 25 janvier 1858, jour du mariage au château de Windsor du prince royal de Prusse et de la princesse Victoria d'Angleterre, les souverains français, fidèles à leur ancienne promesse de paraître à la fête donnée à cette occasion par l'ambassade anglaise, parurent ne plus se souvenir de la nuit du 14, allèrent s'asseoir souriants et gais, à la table du banquet, furent tout à leurs hôtes et à la pensée des mariés qu'on fêtait, sans rien pressentir des événements qui devaient plus tard briser leurs relations avec la maison de Prusse et ruiner leur destinée.

En ne perdant aucune occasion de témoigner que l'attentat du 14 janvier ne troublait pas leur confiance, les souverains n'en restaient pas moins sans illusions sur le péril qui les menaçait. Il ressortait des informations reçues que ce n'était là qu'un épisode avorté des complots anarchistes, qu'il y en aurait d'autres, et qu'il n'était que temps d'aviser.

Et puis, comment se faisait-il que des sectaires italiens, surveillés à Londres, aient pu si facilement passer par Bruxelles et Lille pour se rendre à Paris? Il y avait là un vice d'organisation dont la responsabilité atteignait le préfet de police et découvrait le ministre de l'intérieur. Tout ne finissait pas avec des ovations, de beaux discours et l'arrestation des conjurés. Des mesures plus sévères au moyen de lois répressives s'imposaient maintenant.

Présentées au Conseil d'Etat, âprement soutenues par Billault, ministre de l'intérieur, ces lois, dont l'empereur amenda sagement quelques rigoureuses dispositions, restreignaient la liberté de la presse et furent signalées comme « lois des suspects ». Combattues par M. de Parieu, vice-président, qui reprocha à Billault de faire appel à des violences dignes de la Convention, ces lois furent l'objet d'un débat passionné qui devait entrainer la retraite du ministre de l'intérieur.

Le décret du 27 janvier, répartissant en cinq commandements militaires remis à des maréchaux les troupes de l'intérieur; le décret plus spécial encore du 1er février suivant, par lequel l'empereur, répondant à la confiance que l'impératrice lui inspirait, l'investissait de la régence éventuelle, avec l'assistance d'un conseil privé institué à cet effet, soulignèrent des lois d'exception auxquelles la présentation au Corps législatif, le 18 février suivant, d'un projet de loi de sûreté générale, allait donner une force de plus.

Emile Ollivier parla contre ce dernier projet, non, dit-il, par esprit d'opposition mesquine, mais par égard pour l'empereur.

Pour emporter ce vote, il fallut le savoir-faire de Morny, alors président du Corps législatif.

Un système d'épuration jugé indispensable dans les sphères du pouvoir, ne découla pas de cette loi sans heurter l'opinion. La nouvelle que des arrestations, des expulsions, des internements en Algérie, venaient d'avoir lieu, augmenta l'effervescence. Le parti libéral s'en prit à Billault, préconisateur de ces mesures d'exception, l'accusa d'en revenir au régime du bon plaisir administratif, de préparer quelque chose comme un second coup d'Etat pour se rattraper de son manque de surveillance.

L'empereur, toujours prêt à saisir l'occasion de tâter le pouls de l'opinion publique, sentit la nécessité de se séparer d'un ministre qu'il affectionnait, mais que les suites de l'attentat laissaient trop compromis, auquel Mocquart fut chargé de demander sa démission et qui fut remplacé par le général Espinasse : un des braves et brillants officiers de la guerre de Crimée. Ses idées toutefois, son caractère, le portaient au maintien prolongé des mesures d'exception proposées par Billault, pendant que l'empereur, revenu bientôt à une politique d'apaisement, ne les comprenait que transitoires. Aussi de nombreux et sincères regrets se mêlèrent-ils aux récriminations de ceux qui reprochaient à Billault d'avoir, par une sorte de défection, manqué à ses principes de libéralisme et affectaient de ne plus voir en lui qu'un avocat de talent, mais sans convictions, d'une notable imprévoyance avant l'attentat, d'un despotisme inquisitorial après.

Plus heureux au Palais-Bourbon, comme président du Corps législatif, qu'au ministère de l'intérieur, Billault fut accompagné dans sa retraite par autant de sympathies que de colères. Tous ne voyaient pas avec indifférence cet homme charmant sortir ainsi de la vie politique.

Nous fûmes de ces derniers, Billault étant, aux débuts de l'Empire, le premier homme de gouvernement que nous avions connu, chez lequel nous avions été; sa parole, sa figure, sa façon d'être faisaient de lui un charmeur. Le souvenir de son accueil ne s'est pas effacé.

La police impériale n'avait pas attendu le vote par la Chambre des mesures proposées par Billault pour se rattraper de son manque de flair à la veille de l'attentat. Exaspérée de sa déconvenue et des reproches essuyés, elle avait, dès la nuit même du 14 janvier, procédé libéralement à une rafle des révolutionnaires italiens présents à la représentation de l'Opéra ou logés à proximité de ce théâtre. Peu s'en fallut qu'un personnage qui allait pendant près d'un demi-siècle consacrer à la politique son ambition et son activité, ne fût compris dans cette rafle. Il s'appelait Crispi, était adepte de Mazzini, et allait devenir un des premiers créateurs de l'unité italienne.

Ayant renoncé à la vie miséreuse qu'il menait à l'île de Malte pour aller rejoindre à Londres les réfugiés de son pays, il y suivait assidûment leurs réunions, avait appris d'Orsini comment se fabriquaient les grenades fulminantes et ne s'était rendu à Paris que peu de temps avant l'attentat du 14 janvier; bientôt collaborateur au *Courrier franco-italien* dirigé par Carini. C'est au bureau même de ce journal que lui était parvenu un jour, sous pli cacheté, avec timbre à l'effigie impériale, enveloppé de toile cirée, dans le ventre d'un gros poisson, un stock de brochures mazziniennes aussitôt répandues dans Paris.

Soupçonné d'y être pour quelque chose, Crispi fut inquiété, puis relâché, faute de preuves. « Il est plus malin que son maître Mazzini, » soupirait le préfet de police, désolé de ne pouvoir le garder. « Il n'écrit jamais. »

Crispi se sentit néanmoins recommandé tout spécialement à la sollicitude de la police impériale et put se féliciter d'être resté chez lui en apprenant au matin du 15 janvier l'attentat de la veille. Il avait précisément reçu d'amis italiens pour sa femme et pour lui des billets pour la soirée du 14 à l'Opéra et n'eût pas manqué d'être cueilli avec les autres réfugiés présents à ce théâtre.

Cela n'avait tenu — Crispi aimait à le rappeler — qu'à un bout de chandelle.

La nuit venue, au moment de s'habiller pour se rendre rue Lepelletier, le ménage, dépourvu de tout, s'aperçut qu'il ne lui restait pas un bout de bougie et qu'il serait plus facile de se coucher sans lumière que de s'habiller à tâtons.

En apprenant le lendemain matin ce qui s'était passé, les Crispi n'eurent que le temps de se créer quelques ressources et de quitter Paris.

CHAPITRE X

L'ITALIE ET L'ATTENTAT DU 14 JANVIER. — LETTRES D'ORSINI. — UNE LÉGENDE. — UN DINER A CHISLEHURST.

Crispi, dont la nuit du 14 janvier 1858 eût pu changer la destinée s'il ne se fût dérobé aux recherches de la police, n'avait pas été le seul à redouter les suites d'un attentat qui avait consterné Turin.

Sentant bien, au contraire de Crispi, qu'ils ne pouvaient rien pour l'Italie sans l'appui de Napoléon III, le roi Victor-Emmanuel et son ministre Cavour n'apprenaient pas sans trouble que leurs adversaires au palais des Tuileries y représentaient la nuit fatale comme la conséquence de l'agitation entretenue par le gouvernement piémontais dans le nord de l'Italie; agitation qu'avait encore animée peu avant l'attentat le dernier manifeste de Mazzini. Même les amis que Cavour se savait dans l'entourage de l'empereur semblaient disposés maintenant à s'éloigner d'un Etat tenu comme responsable du crime de ses sectaires. Napoléon III ne venait-il pas de dire lui-même que la police piémontaise ne s'était pas assez préoccupée des allées et venues de Mazzini?

A la nonciature de Paris, à l'ambassade d'Autriche, on commentait cela sans déplaisir. Le baron de Hubner, titulaire de cette ambassade, se demandait même si le moment n'était pas favorable pour chercher à détourner au profit de son maître les sympathies de Napoléon III pour Victor-Emmanuel.

Ce serait l'écroulement du plan de Cavour si longuement élaboré, si patiemment conduit. Turin ne s'y résignait pas. Il y fut décidé que Della Rocca, aide de camp du roi, officier de mérite, se présenterait aux Tuileries, assisté du comte Villamarina, ministre de Sardaigne à Paris et du comte de Robilant, avec la mission officielle d'y porter les félicitations du roi au sujet de l'attentat auquel les souverains français venaient d'échapper miraculeusement; avec celle aussi, plus discrète, de rattraper leur faveur, d'entretenir leurs sympathies.

Bien que placé par le souverain à ses côtés à la revue du 3 février 1858, Della Rocca n'envisageait pas sans trouble l'audience qui lui avait été accordée pour le 5 du même mois; et ce fut avec une sorte d'émotion que les envoyés de Victor-Emmanuel franchirent le seuil du palais des Tuileries où l'empereur se montra plus amical pour eux que pour leur gouvernement.

Il y eut surtout un mot difficile à accepter : celui du « refuge d'assassins, » appliqué à un pays où les troupes françaises pourraient bien recevoir un jour l'ordre de pénétrer.

Ce mot de reproche, qui se doublait d'une menace, jeta l'alarme dans l'esprit de Cavour et fit bondir Victor-Emmanuel. Il mit à le relever sa finesse ordinaire dans une lettre à Della Rocca, chargé de solliciter une nouvelle audience en même temps qu'autorisé à en donner lecture au souverain français.

Cette nouvelle audience, fixée au 16 février, émotionnait Della Rocca, qui dut raffermir sa voix pour donner lecture à l'empereur des quelques passages de la lettre que le roi était censé n'écrire qu'à son mandataire.

« Ce n'est pas ainsi, disait fièrement Victor-Emmanuel, que l'on traite un allié. » N'ayant jamais souffert de violence de personne, et la maison de Savoie portant la tête haute depuis plus de huit siècles, il estimait que personne ne la lui ferait baisser. Il ne souhaitait d'ailleurs autre chose que l'amitié de Napoléon III, qui, de son côté, était homme à comprendre la noble crânerie de ce message.

« Votre roi est un brave ! s'écria-t-il. J'aime sa réponse. Je suis sûr que nous nous entendrons. J'aime l'Italie et ne serai jamais contre elle l'allié de l'Autriche. »

Il y eut de la joie au palais de Turin et chez Cavour à l'ouïe d'une parole qui valut à Della Rocca ce petit mot de son maître : « Je vous embrasse et vous remercie de tout cœur. »

L'assurance donnée par l'empereur laissait tout espérer.

La visite aux Tuileries du comte Arèse vint encore accentuer le succès de la mission Della Rocca.

Ami personnel de Napoléon III, qui avait connu ce patriote milanais alors qu'il passait lui-même pour être un peu carbonari, le comte Arèse n'avait pas été moins inquiet que Cavour et redoutait les impressions laissées dans l'esprit de l'empereur par l'attentat d'Orsini. Il hésitait à venir à Paris, craignant de n'y plus recevoir le même accueil, et demanda au docteur Conneau s'il ne pourrait pas le nommer à l'impératrice, lui présenter ses hommages et toucher un mot du motif qui le retenait de venir les présenter lui-même. « Mais il y a Italiens et Italiens, répondit la souveraine à la communication de Conneau. J'aime beaucoup le comte Arèse, et j'espère qu'il viendra au printemps. »

Un envoi de Gênes, — un de ces bouquets superbes et charmants dont les fleuristes génois ont le secret, — présenté à l'impératrice par la marquise Villamarina, femme du ministre de Sardaigne, ne fit pas mauvais effet. Le poète Troti y avait glissé une poétique allusion à l'attentat que réprouvait l'Italie tout entière.

Le comte Arèse put donc se mettre en route en sécurité; et sa visite aux Tuileries lui démontra que la nuit du 14 janvier n'avait pas altéré les dispositions de celui dont il fut l'ami des mauvais jours après l'avoir été à ceux de gloire et de prospérité.

Le comte Arèse, en effet, n'eut rien de plus pressé, après Sedan, que de mettre sa grande fortune au service du souverain détrôné.

« Je reconnais bien, à l'offre que vous me faites, répondit ce dernier, prisonnier à Wilhelmshœhe, le 9 septembre 1870, votre vieille amitié; et croyez bien que si je n'en profite pas, ce n'est pas par orgueil, mais parce que je n'en ai pas besoin. Sans avoir les millions que la presse veut me donner, nous avons, l'impératrice et moi, tout ce qu'il faut pour vivre très convenablement pendant un an.

« Après cette époque, si on confisque tout ce que j'ai laissé en France, nous aurons pour vivre le revenu de mes terres en Italie et le produit des bijoux de l'impératrice. Avec cela, nous pourrons être à notre aise, comme de bons bourgeois de la rue Saint-Denis. »

Qu'il y a loin du moment auquel ce billet fut écrit à celui qui nous occupe, alors que, point de mire de l'Europe, Napoléon III en était comme l'arbitre;

alors que l'Italie mettait tout son espoir en lui et qu'un mot tombé de ses lèvres devant Della Rocca et le comte Arése mettait leur cœur en joie.

N'avait-il pas fait entendre confidentiellement au roi Victor-Emmanuel que si la lutte se fût engagée entre l'Autriche et le Piémont, ce prince eût trouvé son allié à ses côtés ? N'avait-il pas fait dire à Cavour qu'il pouvait dès maintenant correspondre sans intermédiaire avec lui ?

Cependant s'instruisait le procès d'Orsini, auquel Paris ne prenait pas moins d'intérêt que Turin.

Supérieur à ses complices par son éducation, son intelligence, ses dehors distingués, Orsini, assez dédaigneux dans les interrogatoires subis, s'était fait avec une étrange facilité un piédestal de la nuit sanglante du 14 janvier. Son vaniteux besoin de célébrité, joint au sentiment de la mission politique qu'il s'attribuait et dont il aimait à colorer son crime, s'affirma publiquement dans une lettre à l'empereur que la *Gazette piémontaise*, journal officiel du gouvernement sarde, publia le 31 mars. Cette publication, qu'on estima ne pas avoir été faite sans l'assentiment des Tuileries, causa quelque étonnement et fut tenue à Vienne pour une menace détournée.

Cette lettre, Jules Favre, défenseur d'Orsini, en donna lecture à la Cour d'Assises d'une voix tragique qui fit frissonner l'auditoire.

Chaix d'Est Ange, procureur général, s'était écrié à la fin de son réquisitoire « que la France et le monde avaient été sauvés » le 14 janvier.

« Du fond de la tombe, dit Jules Favre, Orsini s'adresse à celui contre lequel il n'a aucun sentiment de haine, à celui qui peut être le sauveur de sa patrie. »

Dans une affirmation vibrante de la volonté des Italiens d'affranchir leur pays, Orsini adjurait l'empereur, « qui le pouvait s'il le voulait, » d'arracher l'Italie au joug de l'Autriche. « Que Votre Majesté ne repousse pas la voix suprême d'un patriote sur les marches de l'échafaud; qu'elle délivre l'Italie, et les bénédictions de vingt-cinq millions d'Italiens la suivront dans la postérité. »

Le préfet de police aurait-il informé Orsini que les vues de l'empereur répondraient à celles de l'Italie? On ne le sait pas au juste, mais ce qui est l'évidence, c'est le retour d'Orsini à des principes dont l'énonciation dut bien surprendre ses complices, condamnés comme lui.

Proclamant l'aberration de l'attentat commis, Orsini dans une seconde lettre au souverain, répudiait l'assassinat comme moyen politique, recommandait à ses compatriotes de renoncer désormais à cette erreur, d'y parer par leur dévouement et leur abnégation.

Ces lettres, cet appel, le souvenir gardé de ce beau cavalier, de ce conspirateur reconnu chevaleresque, mirent sur le front d'Orsini une sorte d'auréole ; et quand on le vit marcher fièrement à l'échafaud et crier sous le couperet : « Vive l'Italie ! » d'émotionnants regrets allèrent à l'élégant patriote. Dans plus d'un salon on se passa des images représentant sa mort, des petites bombes pareilles à celles dont il s'était servi, montées en bracelets et en boucles d'oreilles. On assurait même que les souverains avaient un instant penché pour la clémence, mais que les ministres et le cardinal Morlot étaient intervenus.

« Votre Majesté peut beaucoup en France, aurait dit ce dernier à l'empereur, elle ne peut pas cela. Votre vie a été épargnée, mais autour de vous le sang a coulé. Ce sang veut une expiation. »

La légende des sympathies de l'empereur pour Orsini s'était si bien accréditée à Paris qu'il se trouva au Corps législatif, à la séance du 13 mars 1861, un député, M. Keller, pour affirmer à la tribune l'affiliation secrète aux carbonari de Napoléon III, qui n'aurait fait la guerre d'Italie que pour tenir ses promesses aux sectaires de ce pays et pour répondre au testament d'Orsini.

L'empereur devait d'ailleurs, à propos de ce dernier, parler comme le cardinal Morlot, estimant qu'il y avait eu trop de victimes le 14 janvier, que ce n'était plus là un attentat politique, mais un crime de droit commun. « Je n'avais pas le droit de clémence, disait-il, puisque tant de gens avaient péri à ma place. »

C'est à Chislehurst, dans l'intimité d'un de ces dîners souvent bien tristes, mais où l'échange des souvenirs et des idées, le hasard des sujets donnaient parfois un tour presque gai à la conversation de la cour exilée.

La fable de son affiliation aux carbonari, expliquait le souverain, provenait des rapports de son frère aîné, alors à Florence, et qui s'était lié, attiré vers eux par ses aspirations, avec un groupe de jeunes gens que la rigoureuse surveillance du gouvernement grand-ducal avait exaspérés et qui se déclaraient résolus à secouer le joug de l'Autriche. Vous étiez avec lui, Conneau, ajouta l'empereur en se tournant vers ce dernier, pendant que j'étais en Suisse, auprès de ma mère, absorbé par mes études militaires, trop jeune pour m'associer à ce mouvement d'idées. Nos deux personnalités se sont confondues. De là la fable de mes prétendus liens avec les carbonari.

« Comme les légendes se forment, dit-il ensuite en regardant Mme Carette. Je suis sûr que vous avez entendu dire bien souvent que j'étais un ancien conspirateur. On a prétendu que je restais sous le coup des attentats d'anciens complices pour avoir fait la paix à Solférino avant d'avoir accompli l'indépendance de l'Italie en lui donnant Rome comme capitale. »

En veine de raillerie douce, interpellant son vieil ami : « Quant à vous, Conneau, lui dit l'empereur, je vous connais; vous êtes un franc communard. »

Le propos était si inattendu, si drôlement invraisemblable, que personne ne s'empêcha d'en rire. Chacun, dans ce cercle de confiante intimité savait ce qu'était, ce que valait l'excellent homme qui n'avait pas quitté l'empereur depuis la mort de la reine Hortense, partageant sa prison de Ham, aidant son évasion avant de le suivre au palais des Tuileries. Il devait mourir sans laisser de fortune à la femme charmante, la grande artiste que fut Mme Conneau. Elle avait, sous l'Empire, charmé la cour et la ville par sa voix ravissante; la troisième République la trouva donnant des leçons de chant.

Son fils, ami d'enfance du petit prince, qu'on voyait jouer avec lui dans le jardin réservé des Tuileries, puis s'amuser si gaiement de tout ce qu'il voyait au bal costumé du palais, en 1866, s'est mis dès lors au service du nouvel état de choses en France comme brillant chef d'escadron aux Chasseurs d'Afrique.

L'impératrice, à ce même dîner, avait eu son tour avant le docteur Conneau.

« Tu as toujours été légitimiste, lui dit l'empereur. Tu es fanatique du comte de Chambord, de son caractère, de ses proclamations. » Et comme la souveraine n'en disconvenait pas, il reprit, s'attaquant à Mme Lebreton, sœur du général Bourbaki : « Voilà Mme Lebreton ; elle est très orléaniste ; elle a conservé beaucoup d'attachement pour les princes d'Orléans. »

« Mais, dit alors le prince impérial, que ces plaisantes dénonciations semblaient vivement intéresser, je vois maman qui est légitimiste, Mme Lebreton qui est orléaniste, le docteur Conneau républicain. Où sont donc ici les impérialistes ? »

« Les impérialistes ? reprit l'empereur, c'est toi ! »

CHAPITRE XI

L'ANGLETERRE ET L'ATTENTAT. — PERSIGNY. — MALAKOFF.

Les suites de l'attentat d'Orsini s'étaient étendues, graves et prolongées, du gouvernement intérieur du pays à sa politique étrangère et du royaume sarde au cabinet de Londres, mettant en péril l'alliance anglo-française.

Déjà le 20 janvier 1858, dans une dépêche du comte Walewski, ministre des Affaires étrangères, se marquait la surprise éprouvée de ce qu'un complot conçu et préparé sur le sol anglais, avec fabrication d'engins de mort et départ pour Paris des conjurés, ait pu ne pas éveiller l'attention de la police de Londres. « L'hospitalité est-elle due à des assassins? demandait le comte Walewski. Doivent-ils encore être couverts par la législation anglaise, qui pourrait aider la France à conjurer le danger? »

Cette dépêche, déposée par lord Palmerston sur le bureau de la Chambre des Communes, occupait les pouvoirs publics qui se préparaient, sur le point spécial indiqué par le comte Walewski, à étudier les moyens de modifier la législation anglaise alors en vigueur, quand parut au *Moniteur*, entre autres « Adresses des colonels » au sujet de l'attentat, celle du 39e de ligne, où se reflétait en des termes peu mesurés le sentiment public en France.

Les colonels du 39e de ligne n'y allaient pas doucement dans leur allusion « aux laboratoires d'assassins que des gouvernements voisins et amis se montraient impuissants à détruire. »

Tenant l'Angleterre pour un pays d'impunité où gît un repaire de monstres qui s'abritent sous les lois :

« Ordonne, Sire, s'écriaient les colonels, et nous les poursuivrons dans leurs places de sûreté. »

A ce langage, l'orgueil britannique s'enflamma.

Comment se faisait-il que l'empereur ait pu laisser passer à l'adresse du peuple anglais, en pleine entente cordiale, après les visites échangées, et cela dans le *Moniteur*, ces paroles arrogantes ?

Chez la reine, on s'arrêta à la surprise. A l'armée, ce fut de la colère. Au Parlement, s'exprimèrent des reproches qui entraînèrent la chute du ministère Palmerston. On y reprit la dépêche Walewski du 20 janvier, considérée comme un défi auquel les ministres n'avaient pas fait la réponse qui convenait. Cette dépêche avait mis en jeu l'honneur national, atteint maintenant par l'Adresse des colonels du 39me de ligne, alors que de tous les cœurs anglais d'ardentes sympathies étaient allées aux souverains de France; alors qu'un projet de loi se préparait, ensuite de l'attentat, sur les modifications à apporter à la législation anglaise.

Ce bill, sur le point d'être présenté et mis en discussion au Parlement, devait dès lors être ajourné. C'était là la seule réponse à faire aux procédés du gouvernement français.

Cet ajournement fut très sensible à Napoléon III, désireux avant tout de sauver l'entente, de mettre un terme aux discussions du Parlement et d'en référer à la loyauté du peuple anglais.

C'est dans ce sens, et par-dessus la tête du duc de Persigny, son ambassadeur à Londres, qu'il donna l'ordre au comte Walewski de traiter directement avec lord Cowley, ambassadeur à Paris de la reine Victoria.

Sur le point spécial de la malencontreuse Adresse des colonels insérée au *Moniteur,* et qui avait si fort blessé le sentiment de l'Angleterre, cette insertion serait expliquée, avec les regrets voulus, par l'inadvertance d'un instant dans le trouble des premiers moments et l'affluence des adresses de France et de l'étranger envoyées aux Tuileries.

Dans une lettre du 24 janvier 1858, qui témoigne

de la tension survenue entre les deux Etats, lord Malmesbury ne voit, pour y mettre fin, que le bon sens de Napoléon III, son sang-froid, la sûreté avec laquelle il sait se conduire à travers les écueils. Il saura aussi écarter les nuages qui menacent l'entente cordiale, non seulement à propos de l'attentat d'Orsini, mais au sujet de l'Italie et du canal de Suez, sur lesquels il y a divergence de vues entre les deux cours et les deux cabinets.

L'empereur, de son côté, avait écrit à Persigny : « Il ne s'agit pas aujourd'hui de sauver ma tête, mais de sauver l'alliance. »

Et elle fut sauvegardée cette alliance sur laquelle Persigny n'avait cessé de veiller; mais elle le fut en dehors de lui et par l'action personnelle du souverain.

Comme ami de ce dernier, et comme homme politique, cette action fut pour Persigny une double épreuve; mais revenu bientôt d'une première impression de surprise et de froissement, il se ressaisit et quitta dignement la grande situation qu'il s'était faite en Angleterre; situation que les derniers événements avaient singulièrement diminuée dans l'esprit de la société de ce pays. On lui en voulait, sans beaucoup de justice, de n'avoir pas su prévenir les froissements dont il était la victime.

Nous pûmes nous en apercevoir, étant au mois

d'août 1858 dans la même contrée que Persigny. Il y était revenu comme simple particulier en séjour chez des amis, pendant que nous étions nous même en train de suivre quelques-unes des séries que les lords anglais ont coutume de donner dans leurs châteaux dès que la saison de Londres a pris fin.

Nous nous trouvions alors chez le comte Harrington, dans sa fastueuse résidence d'Elwaston-Castle, absolument charmé de l'aisance et de la simplicité des relations qui s'établissaient entre les invités dans une existence d'un luxe presque royal.

Kinglake, homme politique et homme de lettres très en vue à ce moment-là, faisait partie de cette série, au cours de laquelle nous eûmes, entre autres amusements, celui d'être chargé, de conserve avec lui, de surveiller discrètement le flirtage d'un lord sur le retour, mais copieusement renté, et d'une ravissante jeune miss sans fortune pour laquelle la comtesse Harrington souhaitait un solide établissement. Nous devions faire rapport, après avoir observé, à table, au salon, en mail-coach, en bateau, même à la chasse au renard et aux courses de chevaux.

Nous devons avouer que, séduit par le causeur froidement spirituel qu'était Kinglake, distrait aussi par les gens, les choses, nous ne fûmes pas toujours à la hauteur de cette mission de confiance : spécialement à la chasse au renard, que d'ailleurs nous ne faisions que suivre; mais il ne fallait pas venir nous demander de n'être là qu'un scrupuleux observateur. Trop de sujets de préoccupation assiègent alors ceux qui ne sont ni centaures ni chasseurs. Sans parler des racines d'arbres et des trous de lapins, il y avait l'emballement des chevaux, qui s'enragent après le renard dès qu'il est aperçu et poursuivi.

Nous pensâmes perdre la vie à cette partie de plaisir, heureux encore de n'y laisser que notre chapeau.

La course de chevaux, dans le voisinage du château d'Elwaston, ne fut pas moins déconcertante pour notre examen de conscience par le fait du duc et de la duchesse de Persigny, qui firent dans notre tribune une entrée des moins sensationnelles. Personne ne parut s'apercevoir de leur présence.

Cela nous parut étrange après le rôle considérable joué en France, puis en Angleterre, par ce confident de Napoléon III.

La duchesse de Persigny, fille du prince de la Moscowa, n'avait-elle pas ouvert au « tout Londres » les salons de l'ambassade de France ?

« Oui, nous disait la comtesse Harrington, mais nous ne les voyons plus. »

Quant au duc, pensions-nous, dont le nom reste associé à tant d'événements et à la création même du second Empire, il expie, en l'espèce, le sort injuste d'avoir été mêlé de trop près, et sans bonheur, aux suites qu'avait eues pour l'Angleterre l'attentat d'Orsini.

L'attention des sphères politiques et de la haute société de ce pays était alors tout entière au successeur de Persigny, au vainqueur de Sébastopol, à ce duc de Malakoff dont nous avons dit les allures spéciales au palais de Buckingham; mais sa brusquerie naturelle, voulue parfois, cachait le flair d'un esprit politique, un jugement sûr, même un cœur d'amoureux que la campagne d'Afrique et la guerre de Crimée ne lui avaient pas laissé le temps de montrer jusque-là. Le poste d'ambassadeur à Londres se prêtant mieux à cette démonstration que les tranchées de Sébastopol et les plateaux algériens, Malakoff allait s'abandonner avec une sorte de violence au sentiment que devait éveiller en lui, à première vue, la belle Espagnole qu'était Mlle de la Paniega, venue à Cherbourg à la suite des souverains auxquels la cour anglaise rendait leur visite d'Osborne.

Terrassé par un coup de foudre, Malakoff avait confié sa défaite à l'impératrice, qui ne le découragea pas : heureuse et amusée de voir ce rude soldat s'éprendre comme un jouvenceau, taquiner la Muse et tourner un madrigal.

Ce madrigal, Malakoff en fit part assez drôlement

au vicomte de Beaumont : « Lisez donc ces vers qu'on vient de m'envoyer, lui avait-il dit ; je les trouve bien mauvais. »

« Comment donc, reprit M. de Beaumont, après avoir lu. Mais c'est exquis. »

« Vous avez du nez, vous, s'écria Malakoff. Ils sont de moi. »

Poète ignoré, le maréchal affirma son habileté, sa correction, dans l'affaire Simon Bernard, car il était écrit qu'on n'en finirait pas en Angleterre avec les suites de l'attentat d'Orsini.

Impliqué dans la commande des bombes lancées par ce dernier, Simon Bernard s'était vu acquitté par la justice anglaise. Cet acquittement était-il une réponse à l'Adresse des colonels ? On put le penser aux Tuileries, et la reine Victoria, affectée de ce nouvel incident, en exprima son vif regret au duc de Malakoff, qui de son côté ne craignit pas de combattre le mécontentement à ce sujet de Napoléon III et le ramena par sa prudence.

CHAPITRE XII

A FONTAINEBLEAU. — A PLOMBIÈRES.

Encore préoccupés du long trouble apporté en France et en Angleterre par l'attentat du 14 janvier 1858, les souverains français étaient partis pour Fontainebleau, toujours charmés d'y retrouver : lui, les appartements de son oncle, auxquels fut laissée la destination qu'ils avaient sous le premier Empire et que Napoléon III emplit de souvenirs de Napoléon Ier ; elle, les pièces habitées par Marie-Antoinette où furent réunis un grand nombre d'objets rappelant cette princesse.

La chambre à coucher était restée tendue des étoffes de soie offertes à la dauphine par la ville de Lyon à l'occasion de son mariage.

Cette pièce historique fut la chambre à coucher des reines de France ; de Marie-Thérèse, femme de Louis XIV, à Marie-Amélie, femme de Louis-Philippe. Marie de Médicis, femme de Henri IV, en occupait une autre, dans laquelle elle donna le jour à Louis XIII, et qui est devenue dès lors le salon Louis XIII. C'est dans ce salon dont les croisées ouvrent sur la Cour Ovale que les invités attendaient les souverains pour passer dans la galerie Henri II où se prenaient les repas et se donnaient les fêtes. Galerie incomparable, héritage des arts décoratifs du XVIme siècle, la plus remarquable que la Renaissance ait construite, avec ses immenses fenêtres aux embrasures d'une invraisemblable profondeur. La cheminée monumentale occupe toute la hauteur de la pièce. Au plafond, de bois de noyer, se profilent des caissons à fond d'or et d'argent auxquels répondent les boiseries du parquet. A elle seule, la tribune des musiciens serait une curiosité d'art.

Il nous a plu, un soir de grande fête, au rythme berceur des valses d'aujourd'hui, sous les mille feux des girandoles et des lustres, dans l'éblouissement des ors fouillés et des fines sculptures, des peintures et des fresques dont Le Primatice et Nicolo dell' Abbate ont emprunté les sujets à la mythologie, d'évoquer là la vision des menuets de la cour des Valois et de l'escadron volant des demoiselles d'honneur de Catherine de Médicis; car l'intérêt des choses passées s'ajoutait, sous le second Empire, dans ce prestigieux palais, à l'éclat du présent.

Que de souvenirs d'art et de haute poésie, de grandeurs, de gloires et de défaites, hantent les lambris de cette demeure, depuis la visite de Charles-Quint à

François Ier à la réception fameuse et drôlatique, que nous avons racontée des ambassadeurs siamois.

Que d'ombres royales, plaintives ou rayonnantes, hautaines ou misérables, séduisantes et redoutées, attirantes ou célèbres, peuplent ces murailles historiques. Longtemps il s'en détachera, gracieuse et fine, intelligente et douloureuse, parfaitement noble, celle de l'impératrice Eugénie.

Aimant à faire revivre à Fontainebleau les traditions de l'ancienne cour, les souverains exerçaient là une hospitalité large et charmeuse, coupée de chasses à courre, de curées aux flambeaux, d'excursions, de promenades en forêt, de visites aux ateliers des peintres des environs, à Decamps, à Rosa Bonheur; de représentations dans la salle des spectacles et de fêtes équestres. L'empereur y distribua aux officiers et sous-officiers vainqueurs du 2me cuirassiers de la garde, des montres marquées à leur chiffre. A ce même carrousel, un médaillé de Ste-Hélène, fait officier à Wagram, y alla d'un couplet de sa composition qui amusa l'impératrice.

Dans ce tournoi, cuirassiers de la garde,
Sur vos coursiers exercez votre ardeur,
L'impératrice aujourd'hui vous regarde,
C'est la beauté contemplant la valeur.
Tous fiers, entrez dans la brillante arène;
Preux chevaliers, redoublez vos efforts;
Vous qu'un regard de votre souveraine,
Porterait tous à braver mille morts.

Le palais, le parc de Fontainebleau ne s'ouvraient pas seulement à des princes, à des hommes d'Etat, à des ambassadeurs, à des théories de jeunes femmes élégantes et jolies; des délégations de travailleurs, des députations ouvrières y furent accueillies avec empressement par les souverains, sensibles à des hommages et à des vœux de tranquillité qui eurent leur raison d'être, notamment en 1858, après les émotions, les suites de l'attentat d'Orsini. Cela fut dit en prose, en vers, en cantates qui pour n'être pas d'un souffle puissant ni d'un lyrisme particulièrement élevé, faisaient leur petit effet. Ces strophes entre autres, adressées à l'empereur et chantées avec élan par un groupe d'ouvriers dans le Jardin Anglais :

Devenus tes alliés, vois, les rois de la terre,
Viennent, le cœur joyeux, s'asseoir en ton palais.
L'Empire, avait-on dit, c'est la guerre,
L'Empire, avec toi, c'est la paix.

L'empereur, le champagne versé, répondit galamment à ce naïf langage en buvant à « l'harmonie politique et musicale. »

Ces quelques mots répondaient au vœu des ouvriers, qui voyaient à ce moment-là portée à son apogée la prospérité du pays.

De toutes parts, en effet, on venait à ce règne dont l'éclat fascinait les princes, attirait les étrangers, et qui glorifiant le drapeau français, donnait de l'orgueil au pays et de l'occupation aux travailleurs. On affecte aujourd'hui de n'y pas croire, mais pour ceux qui ont vécu à Paris de Sébastopol à Solférino, et même au lendemain de ces deux grandes dates, il n'y a qu'à se souvenir.

Partout, en effet, non seulement dans la capitale qui se transformait, mais sur la terre de France rendue à la prépondérance politique et, dans tous les domaines, à la plus intelligente activité, d'immenses travaux étaient entrepris; travaux d'art et d'utilité publique, reconstitutions historiques, établissements utilitaires, de bienfaisance et de crédit.

Il était donc l'expression de la vérité le toast porté par Napoléon III aux délégations ouvrières de Fontainebleau, mais il ne l'était plus pour longtemps. Déjà se préparait l'entrevue de Plombières qui allait en démentir secrètement les promesses rassurantes.

De cette entrevue, prologue à peine aperçu du public des événements de 1859, allaient sortir, avec le mariage du prince Napoléon et de la princesse Clotilde, la guerre contre l'Autriche et les remaniements territoriaux du nord de l'Italie.

N'ignorant pas que Napoléon III avait sa politique à lui en dehors de sa diplomatie officielle, Cavour, à l'exemple du comte Arèse, s'était tourné vers le docteur Conneau, le sachant plus au courant que d'autres des arrière-pensées du souverain français. Il avait appris de lui que ce dernier avait l'intention de passer aux eaux de Plombières une partie du mois de juillet et qu'il ne refuserait pas d'y rencontrer le ministre du roi Victor-Emmanuel.

Précisément, Cavour, qui se découvrait fatigué, pressé de prendre un peu de repos, et de le prendre en Suisse, serait à Genève au commencement de juillet ; il n'y attendrait qu'un signe pour passer par Plombières comme par hasard. Ce signe ne le trouva pas sans émotion. « Prie le ciel de m'inspirer, écrivait-il au général Lamarmora, pour que je ne fasse pas de bévue en ce moment suprême. En dépit de ma confiance ordinaire je ne suis pas sans inquiétude. »

Arrivé à Plombières le 20 juillet, Cavour est reçu le 21, ayant soin d'informer le roi de tout ce qui s'était dit au cours d'une visite si menaçante pour la paix et dont le *Moniteur* se garda de parler.

C'était prudent à ce moment-là. L'empereur tenait à ce que la visite de Cavour passât un peu inaperçue, ne voulant ni inquiéter l'opinion qui était à la paix, ni donner trop à penser à la cour d'Angleterre, délibérément opposée à tout remaniement de territoire et dont il allait recevoir prochainement la visite à Cherbourg.

C'est vers cette entrevue de Cherbourg qu'il cherchait à orienter le public et non vers les visées qu'on savait à Cavour.

N'allait-il pas lui-même se rendre avec l'impératrice dans la catholique Bretagne, où le clergé comptait sur lui, où les évêques l'attendaient au seuil des cathédrales, où la population elle-même s'apprêtait à célébrer le restaurateur des monuments religieux du pays? Ce n'était pas l'heure de se montrer trop publiquement en conférence avec un ennemi des couvents, un mangeur de moines, un adversaire du pouvoir temporel du pape.

Il dura longtemps l'entretien qui décida éventuellement de l'abaissement de l'Autriche, de la transformation des Etats sardes en royaume de la Haute-Italie, de la cession de deux provinces à la France et de l'alliance, scellée par un mariage, de la maison de Savoie avec celle des Bonaparte.

Patriote d'un esprit délié, aussi madré comme diplomate qu'entendu comme administrateur, Cavour, d'une raison froide, avait plus de sens pratique que d'idéal, une adresse toujours au service de la question du jour. C'est ainsi que pour détourner les esprits des questions politiques devenues gênantes, il se jetait sur les congrégations. « Quand je veux, disait-il, faire accepter une proposition, je mange un moine. »

Connaissant les hommes, il savait s'en servir et

s'était promis d'amener à composition Napoléon III dont il avait besoin.

Mis en présence de ce jouteur silencieux dont l'empire sur soi-même, l'obstination tranquille, la connaissance exacte des ressources militaires de l'Autriche et de l'effort qu'il y aurait à faire pour la déposséder de son royaume lombardo-vénitien, ne laissaient pas que de lui en imposer, Cavour put se demander si les rôles ne seraient pas intervertis et si ce ne serait pas lui qui devrait céder et consentir. Reconnaissant d'ailleurs les idées justes du souverain français sur la mesure à garder à l'égard du pape, sur le commandement éventuel des troupes d'occupation des provinces convoitées, Cavour est heureux d'apprendre de la bouche de l'empereur qu'on peut compter sur la neutralité de la Prusse et de la Russie, même sur celle de l'Angleterre, malgré l'éloignement de la cour et des ministres anglais pour tout ce qui pourrait amener une guerre contre l'Autriche.

L'empereur toutefois trouva insuffisants les prétextes avancés par Cavour pour motiver cette guerre. Tenu à des ménagements à Rome, à Naples et dans les Légations, il ne pouvait consentir qu'à fermer les yeux sur les insurrections locales qui prépareraient les événements.

Sur l'établissement et la distribution des Etats du

nord de l'Italie, une fois délivrés du joug de l'Autriche, en une sorte de Confédération dont l'opuscule fameux « Napoléon III et l'Italie » exposa plus tard les combinaisons, Cavour entra dans les idées de l'empereur, tout en se promettant de les faire avorter à l'occasion, car déjà dans son esprit comme dans celui de son maître passait la vision de l'annexion au royaume sarde des Légations et des duchés de la péninsule. On arriverait à cette annexion en s'affranchissant de la tutelle de Napoléon III par des moyens révolutionnaires ou en cherchant d'autres alliances.

De cette arrière-pensée, de ces espoirs secrets, Cavour se garda de rien laisser paraître, heureux de l'accord près de s'établir entre l'empereur et lui sur l'éventualité d'une Confédération des Etats du nord de l'Italie; mais quand l'empereur en vint à parler de la cession de la Savoie comme prix de son concours, Cavour, sans refuser d'y souscrire, s'assombrit, objectant que cette province était le berceau de la dynastie. Sans s'y arrêter, l'empereur ajouta que la cession de Nice serait le complément de celle de la Savoie. « Mais, reprit Cavour, Nice est terre italienne. Que devient alors le principe des nationalités? »

L'empereur n'insista pas, remettant à plus tard l'examen de ce point secondaire, congédia le ministre, engagé un peu plus tard à accompagner le souverain dans sa sortie habituelle.

En montant à côté de lui dans le phaéton que Napoléon III conduisait lui-même, puis au cours de cette promenade dans les agrestes environs de Plombières, Cavour dut faire appel à toutes les ressources de sa prudence et de son habileté, se doutant bien de ce qui allait venir à propos du sujet délicat, et qui n'avait pas encore été touché, du mariage de la princesse Clotilde et du prince Napoléon.

Ce mariage qui devait dans la pensée du ministre piémontais fondre les intérêts de l'Empire avec ceux de la maison de Savoie, Cavour ne le souhaitait pas moins vivement que l'empereur, mais Victor-Emmanuel, un peu troublé à la pensée de sacrifier sa fille à un mariage politique, entendait s'engager le moins possible sur ce terrain et avait recommandé à son ministre de ne l'aborder que si l'empereur faisait de ce mariage une condition absolue de son appui.

S'apercevant vite que cette condition était formelle, Cavour mit en avant la jeunesse de la princesse Clotilde, le caractère entier du prince Napoléon.

« Il m'a souvent causé des embarras, m'a souvent irrité, reprit l'empereur. Il est frondeur, aime la contradiction ; mais il a de l'esprit, plus de jugement qu'on ne croit et un bon cœur. » Quant à la convenance d'attendre un peu, l'empereur la comprenait, vu l'âge de la princesse, mais voulait une décision. « Je souhaite, dit-il, une réponse positive, et j'y compte. » Et comme le jour baissait, prenant la main du ministre, il ajouta en descendant de voiture : « Ayez confiance en moi comme j'ai confiance en vous. »

Le lendemain, 22 juillet, parti pour Bade, Cavour rédigeait son rapport, qu'un attaché de légation, dépêché à Turin, remit au roi.

« J'ai cru bien faire, mandait Cavour au général Lamarmora, de ne pas insister sur l'article du mariage, mais je suis convaincu que l'empereur attache à ce mariage une extrême importance et que de là dépend, sinon l'alliance, du moins l'issue de toute l'affaire. — J'ai écrit avec chaleur au roi, le suppliant de ne pas compromettre par des scrupules de vieille aristocratie la plus belle entreprise des temps modernes. Je t'en prie, s'il t'en parle, joins ta voix à la mienne. Qu'on ne tente pas alors l'entreprise où se joue la couronne de notre roi et le sort de nos peuples; mais si on la tente, pour l'amour du ciel, qu'on ne néglige rien de tout ce qui peut assurer le succès de la lutte. J'ai quitté Plombières l'esprit plus serein. Si le roi consent au mariage, j'ai la confiance, je dirais presque la certitude, qu'avant deux ans tu entreras dans Vienne à la tête de nos troupes victorieuses. »

Il n'était pas besoin d'un plaidoyer si chaleureux pour amener Victor-Emmanuel à faire taire les scrupules de son cœur paternel.

Saisi d'émotion à la lecture du rapport de Cavour, il aurait dit : « Dans un an, je serai roi d'Italie. »

CHAPITRE XIII

A CHERBOURG. — EN BRETAGNE.

A l'entrevue toute politique de Plombières, succéda celle diplomatique de Cherbourg où les souverains anglais s'étaient annoncés.

Les ministres l'avaient conseillée à la reine Victoria comme le plus sûr moyen d'effacer le souvenir des derniers incidents. Dès le 24 juin 1858, lord Malmesbury écrivait à la reine : « Rien n'influe autant sur l'esprit de l'empereur que ses entrevues personnelles avec Votre Majesté. »

Ce n'était pas un effort à faire pour la souveraine anglaise que d'aller à des souverains qui, elle ne s'en défendait pas, la tenaient sous le charme et de leur rendre leur visite d'Osborne. Un peu de tirage pourtant s'était fait dans son esprit et dans celui du prince Albert à la nouvelle de l'audience de Plombières et de la promenade en phaéton. Rien de ce qui s'était dit à Plombières n'avait encore transpiré, mais le pressentiment des rêves ambitieux de l'empereur, revenu à la pensée troublante de reviser les traités de 1815, préoccupait la cour d'Angleterre, persuadée qu'il se tramait quelque chose et qu'on le lui cachait. Ce n'est donc pas sans quelque arrière-pensée qu'on s'embarqua.

Bien qu'un peu modifiées par le plaisir de se revoir, par la splendeur de l'accueil et les toasts échangés, les appréhensions du prince Albert devaient subsister au retour de Cherbourg où le yacht royal était entré le 4 août dans la rade.

Passé du canot qui l'avait amené sur le navire anglais, l'empereur avait abordé très vite le sujet de l'attentat d'Orsini et de l'Adresse des colonels, insérée au *Moniteur* à son insu et à son vif regret. S'informant ensuite de l'état de l'opinion en Angleterre, il demanda si on y parlait encore de l'éventualité d'une invasion française. La reine répondit en souriant que les esprits s'étaient calmés, mais que la publicité officielle donnée à cette Adresse avait fait un mal incalculable.

Au déjeuner du lendemain à l'hôtel de la préfecture maritime, l'empereur causa peu. Il est « boutonné, » écrit la reine ; pendant que l'impératrice, revenant sur l'attentat, donne quelques détails et insiste sur le mal que peuvent faire les racontars des journaux, leurs conjectures aventurées. La reine la sent avec elle en plus d'une question internationale et n'ignore pas son peu de penchant pour une guerre contre l'Autriche. A toutes deux, la pensée d'une intervention armée de la France en faveur du Piémont est contraire.

Pendant qu'on cause, tout au dehors est aux fêtes de l'entrevue, aux saluts échangés des pavillons internationaux. La rade où stationnent les vaisseaux de guerre, les escadres d'honneur, est couverte d'embarcations pavoisées et de voiles qui s'inclinent. Sur un navire frété par eux se pressent de nombreux membres de la Chambre des Communes. Le soleil brille, mais le vent souffle, et le mouvement de la mer inspirera l'empereur pour son toast du soir.

Un peu après sept heures, la reine saluée par l'artillerie des forts, les hourras des matelots, le canon des vaisseaux de France et d'Angleterre, quitte son canot et monte sur le vaisseau amiral la *Bretagne* où la table est dressée; la musique des Guides charme le repas, puis les toasts s'échangent. « C'est, écrit la reine, l'heure terrible des discours. L'empereur, d'une voix forte, en fait un admirable en portant ma santé. celle d'Albert et de la famille royale. Puis, la musique ayant joué, est venu le moment redouté par mon pauvre mari; pour moi un moment de torture par lequel je ne voudrais pas repasser. Il s'en est très bien tiré, quoique, une fois, il eût hésité. J'étais là, tremblante, les yeux cloués sur la table. J'étais tellement nerveuse que je ne pouvais avaler mon café. »

L'empereur, lui, avait galamment exprimé la joie qu'il éprouvait à pouvoir témoigner sur un vaisseau français, dans le port même de Cherbourg, des sentiments affectueux qui subsistent entre les deux couronnes; sentiments que de pénibles incidents n'ont pu altérer. Les rancunes d'une autre époque, réveillées par les passions hostiles, viendront échouer devant le bon sens public comme les vagues se brisent devant la digue qui protège en ce moment les escadres des deux empires.

Le prince Albert remercie au nom de la reine « de paroles qui lui resteront chères à jamais. » Il insiste sur ce que la bonne entente entre les deux pays sera comme une base de leur prospérité mutuelle.

La table achevée, ce ne furent bientôt autour de la *Bretagne*, que salves d'artillerie, fusées sillonnant le ciel dans une féerie de feux qui semblaient sortir de la mer. La rade n'est qu'une flamme. En avant de l'immense digue au centre de laquelle éclate le feu d'artifice, la forêt des navires développe ses banderoles et ses mâts. Des hymnes d'allégresse sont chantés par des chœurs. Puis, quittant la *Bretagne*, salués par la musique des Guides, les souverains français accompagnent sous un tonnerre d'acclamations la reine et le prince, qui prennent congé d'eux le lendemain 6 août.

On se sépara en se promettant de se revoir encore.

La cordialité de ces adieux, l'accueil reçu, les toasts échangés ont ramené la reine à Napoléon III ; le prince Albert a plus de peine qu'elle à revenir de ses appréhensions. Il n'oublie pas que Plombières a précédé Cherbourg; il oublie moins encore tout ce qu'il vient de voir du développement prodigieux de la marine française pendant que celui de la marine anglaise lui semble stationnaire. « Mon sang bout quand j'y pense, » écrit-il à la duchesse de Kent, mère de la reine.

Prodigieux, en effet, était l'ensemble des travaux accomplis dans la vaste enceinte des ports de Cherbourg où Napoléon III, continuateur de la pensée de Louis XIV, de Louis XVI et de Napoléon Ier, voyait enfin réalisé après de longs efforts et des travaux deux fois détruits, ce rêve de la rade de Cherbourg protégée contre les assauts de la mer par une digue gigantesque dominée elle-même par les batteries des forts.

La consécration de l'œuvre accomplie, jointe à l'inauguration de la statue de Napoléon Ier et au lancement devant les souverains du navire la *Ville de Nantes,* suivit le départ de la reine Victoria. Cherbourg vouée aux fêtes s'emplit d'acclamations. Les paroles prononcées par l'empereur à l'inauguration de la statue de son oncle, eurent du retentissement en Europe et répondirent aux espérances de paix, malgré la phrase sur la guerre qu'un gouvernement fait « quand il y est forcé par l'intérêt des peuples. »

Cela n'avait l'air de rien, et on ne s'y arrêta guère, les esprits étant occupés des provinces de l'Ouest où les souverains, quittant Cherbourg, se rendirent le 8 août.

Ils y débarquèrent sous une pluie de fleurs, inconscients des agitations qui avaient précédé et dont Mme Carette en dit les côtés comiques.

On n'était pas arrivé tout de suite à s'entendre entre les divers comités des fêtes. Des discussions de préséance avaient mis du tirage entre les autorités civiles et militaires, pendant que la disposition des deux groupes de jeunes filles qui devaient se trouver avec leurs compliments et leurs corbeilles de fleurs, l'un au débarquement, l'autre à la préfecture maritime, soulevait des divergences de vues.

Il avait fallu un peu de temps pour se remettre dans la note des réceptions de souverains, la ville de Brest n'en ayant eu aucune depuis le XVIme siècle, alors que la reine Anne de Bretagne, allant en pèlerinage au Folgoët, s'était arrêtée à Brest.

A la préfecture maritime, pour la disposition des appartements destinés aux souverains, les choses n'avaient pas été toutes seules.

Mme Leblanc, femme de l'amiral, venait d'y perdre beaucoup de temps en conférences angoissées, en hésitations obsédantes. Il lui était revenu que l'impératrice se servait d'un oreiller spécial ; mais comment était cet oreiller, en crin, en plumes, rond, carré, carré-long ? Il aurait fallu le savoir.

Si la souveraine allait mal dormir ! Ce serait la fin de tout ! Avait-elle seulement un peu dormi sur la *Bretagne ?*

Il se trouvait précisément qu'elle n'y avait pas dormi, ce dont nous informe un joli billet du 10 août 1858.

« Nous voici à Brest, écrit l'impératrice, regrettant beaucoup nos charmants hôtes que nous voudrions avoir entraînés jusqu'ici. »

La souveraine est plus satisfaite de l'accueil des Bretons que des machines de la *Bretagne*, dont le tapage incessant l'a empêchée de fermer l'œil, ce qui l'a mise à bout de forces, ayant dû, au débarqué, se tenir debout pendant deux heures, assister à un défilé interminable suivi d'un grand dîner. Et les illuminations du lendemain, les promenades à travers la foule, le bal !

« Mais comme Dieu, ajoute-t-elle, donne toujours des forces à ceux qui en ont besoin, me voici toute reposée ce matin et prête à recommencer. »

Mme Leblanc avait donc mis la main sur le bon oreiller ?

Point. Sa surprise n'avait pas été mince quand on vit les femmes de chambre tirer d'un coffre et placer sur le lit un oreiller de cuir petit et plat.

On n'avait pas été sans se demander dans les sphères officielles ce que serait le voyage impérial en ce pays d'anciens royalistes, de prêtres et de missionnaires; mais tout de suite, dès l'arrivée à Brest, sur le seuil de l'église St-Louis, où l'évêque de Quimper reçut le souverain en le remerciant du double encouragement qu'il donnait à la religion et à l'agriculture, — ces deux domaines tenus pour essentiels chez les populations bretonnes, — on put prévoir que le succès de ce déplacement serait complet.

Restait un autre domaine, celui de la politique à propos duquel s'était dressé aussi un point d'interrogation.

Tous les enfants de l'Armorique ne s'étaient pas levés contre le drapeau blanc; la légitimité comptait encore parmi eux bien des fidèles. De quel œil verraient-ils cette tournée napoléonienne, qui s'affirma très vite pittoresque et triomphale? Partout, sous le porche des églises, au carillon des cloches, l'encens, à l'approche des souverains, élevait ses spirales odorantes; la parole des évêques ratifiait les ovations populaires; aux hymnes sacrés se mêlaient de naïves cantates exaltant l'impératrice et le « restaurateur » du culte. Au sanctuaire de Notre-Dame d'Auray, l'évêque ne se retint pas de célébrer la souveraine « dont le courage et la bonté exercent tant d'empire sur les esprits et sur les cœurs. »

Louis Veuillot lui-même, ramené aux souverains, éprouva le besoin d'expliquer dans l'*Univers* pourquoi il s'était associé à l'allégresse du clergé de Bretagne. — « On nous reproche notre zèle impérialiste; ce zèle est celui de la religion d'abord, de la paix civile ensuite, enfin celui de la gloire française, trois choses qui sauvent la liberté. »

Louis Veuillot avait commencé par découvrir dans ce voyage de Bretagne un événement religieux dont l'influence serait considérable dans le monde. « L'empereur, disait-il, a fait un acte et prononcé des paroles qui valent mieux que le gain d'une bataille. »

Tout le monde ne se montrait pas aussi content. « Ce n'est plus une visite, fut-il dit, c'est un pèlerinage. »

S'il fut répandu beaucoup d'encens au cours de ce « pèlerinage, » s'il y eut là beaucoup de sonneries de cloches, beaucoup de pieuses allocutions, le voyage ne manqua pourtant ni d'exhibitions de costumes du pays, ni de danses fortement nationales. Le hautbois et le biniou sévirent tout le temps avec intensité.

Autour des arcs de triomphe, dans toutes les localités, les habitants se tenaient groupés avec, à leur tête, le clergé en habits sacerdotaux, les maires et les notables. Particulièrement intéressant fut le trajet en voiture de Brest à Quimper et à Lorient, accompagné par des troupes de paysans à cheval agitant des drapeaux et se relayant de village en village. Les curés étaient de la chevauchée et galopaient gaillardement d'un bourg à l'autre à la suite de leurs ouailles.

Il fut parlé souvent de ces pittoresques escortes au retour de Bretagne, sous les grands arbres de St-Cloud, que la cour quitta bientôt pour la plage de Biarritz dont le séjour fut traversé de quelques démêlés avec le prince Napoléon, nommé ministre d'Algérie et des Colonies.

CHAPITRE XIV

LE PRINCE NAPOLÉON A BIARRITZ. — DE CHALONS A REIMS ET A COMPIÈGNE. — UN BOUT DE CONVERSATION. — L'ISTHME DE SUEZ. — FERDINAND DE LESSEPS.

Ce passage du cousin de l'empereur aux affaires administratives ne fut pas de longue durée, ayant été marqué d'actes bizarres, de nominations inattendues; le prince en sortit aussi dénué de prestige que de son séjour en Crimée et de son ambassade à Madrid.

Au moment de sa venue à Biarritz un nouveau conflit venait de se produire à propos d'une ligne de douane sur la frontière du Maroc; le prince s'en montrait exaspéré, se disait en butte aux tracasseries de ses collègues, demandait à se retirer. L'empereur lui ayant proposé de se rendre en Russie pour y reprendre avec Alexandre II l'entretien de Stuttgart sur les choses d'Italie, le prince accepta, s'engageant à faire de son mieux pour obtenir du tsar la transformation de l'accord conclu à Stuttgart en traité d'alliance offensive et défensive.

Très intéressé par une mission qui pouvait avancer l'affranchissement du nord de l'Italie en même temps que ses affaires personnelles et son mariage avec la princesse Clotilde, le prince Napoléon fut très bien accueilli à la cour de Russie, qui en resta toutefois au traité d'alliance défensive.

Quant au projet de mariage dont il avait été parlé à Plombières entre Cavour et Napoléon III, les choses traînaient un peu sous prétexte que la princesse n'avait pas encore seize ans. Il devenait évident que cet ajournement cachait des hésitations dont l'empereur prenait quelque souci et que le caractère impétueux du prince Napoléon souffrait impatiemment.

Pendant que se préparait à la cour de Turin le mélancolique avenir de la princesse Clotilde, la cour française se disposait à quitter Biarritz pour le camp de Châlons où les roulements de tambours, l'appel des trompettes, les sonneries de clairons succédèrent au biniou de Bretagne et à la voix de la mer.

L'empereur, parti le premier, y reçut l'impératrice avec solennité, chevauchant à la portière de droite, entre deux haies de troupes, pendant que le maréchal Canrobert se tenait à celle de gauche. Il y eut le soir retraite aux flambeaux, le lendemain messe en plein air sur la bandière des troupes en armes, puis visite des souverains à la ville de Reims, qui reprit ce jour-là les traditions du sacre de Charles X, revêtit de tentures et de tapis les façades de ses maisons, éleva dans ses rues des portiques de feuillages et de fruits, accueillit ses hôtes au seuil de la cathédrale par la parole fleurie du cardinal Gousset.

Vinrent ensuite les séries de Compiègne, ouvertes au monde de la cour, à celui des arts, des lettres et de la politique. Il ne s'y rencontra pas cet automne-là que d'aimables causeurs tels que Camille Doucet, Octave Feuillet, Prosper Mérimée et Jules Sandeau. Lord Palmerston, cet ancien allié de Napoléon III, lord Clarendon, lord Cowley, ambassadeur à Paris, y donnèrent la note des appréhensions des ministres anglais que les toasts de Cherbourg n'avaient pas endormies sur les tendances du préconisateur du principe des nationalités.

Plus ou moins cachées au public, ces arrière-pensées ne l'étaient plus à ces trois hôtes de Compiègne auxquels l'empereur, faisant allusion à la Pologne que la nature de ses relations avec la cour de Russie ne lui permettait pas de secourir, avait dit qu'il pourrait n'en être pas de même à l'égard d'une Italie affranchie du joug de l'Autriche.

Ce mot, jeté comme en passant, secoua lord Clarendon qui ne craignit pas de repousser une éventualité dont il indiqua le péril pour la France et son peu d'utilité. Lord Cowley, de son côté, s'empressa de prévenir la reine Victoria de ce qui venait de se dire à Compiègne et de ce que pouvait cacher de redoutable ce bout de conversation.

La reine écrivit aussitôt à lord Malmesbury, grand ami de Napoléon III, lui recommandant de faire tous ses efforts pour détourner ce dernier de velléités belliqueuses qui pourraient mal tourner pour lui.

Quelques articles de journaux dans le sens de ces velléités, articles que vint un peu atténuer la note tranquillisante, insérée au *Moniteur,* du 4 octobre 1858, ne furent pas de nature à rassurer le cabinet de Londres, qu'une autre affaire, patronnée à ce moment-là par Ferdinand de Lesseps et à laquelle l'empereur semblait se prêter, préoccupait depuis quelque temps.

Il s'agissait du percement de l'isthme de Suez, combattu par l'Angleterre comme ouvrant un passage trop facile à la navigation de tous les pays et que la France ne manquerait pas d'utiliser pour sa marine commerçante et militaire. Affectant au surplus de ne pas prendre au sérieux la voie flottante dont la France prenait l'initiative et qu'elle se disposait à accaparer, les ministres anglais la déclaraient par la bouche de lord Clarendon « physiquement impossible. » « C'est la plus grande duperie, disait lord Palmerston, qui ait été proposée à la crédulité. C'est là un de ces projets d'attrape qui, de tout temps, sont tendus par des imposteurs à la naïveté des capitalistes gobe-mouches. »

On disait aussi, ailleurs qu'à Londres : Ce Lesseps est un malfaiteur public, un noyeur de peuples. Joindre deux mers qui ne sont pas de niveau, la Méditerranée et la Mer Rouge !

Lesseps avait étudié sur la possibilité de cette jonction le mémoire rédigé par Lepère par ordre de Bonaparte. Séduit par ce projet, il était allé exposer au khédive la gloire qu'il y aurait pour l'Egypte et pour la France à prendre l'initiative de la plus grande affaire commerciale, disait-il, du monde civilisé. Entraîné par cette parole ardente, par cette science d'ingénieur que possédait Lesseps, le khédive avait signé, le 30 octobre 1854, un firman de concession.

Le 15 octobre 1858, un premier appel était fait au crédit.

Sur les 400,000 actions offertes au public, 200,000 devaient être réservées à la France et furent souscrites; les 200,000 autres, aux termes de la convention passée avec le khédive, seraient offertes à l'étranger où il ne fut souscrit que 50,000 titres.

Cela n'était pas pour arrêter un perceur d'isthmes.

Le capital demandé faisait défaut ? Eh bien, on dirait à l'assemblée générale qu'il était intégralement souscrit.

Entré dans la voie illégale des assertions imprudentes qui devaient mieux lui réussir pour Suez que pour Panama, Ferdinand de Lesseps ne s'était pas laissé aller à illusionner l'opinion par intérêt personnel et dans une pensée de lucre, mais par le désir passionné qui le tenait de mener à bien une œuvre civilisatrice en laquelle il avait foi.

Personne, au surplus, à l'assemblée générale, n'avait pris la parole pour contrôler les déclarations de Lesseps. Quatre des administrateurs, plus scrupuleux ou moins confiants, pressés aussi de dégager leur responsabilité personnelle, se présentèrent chez lui dans la soirée et appelèrent son attention sur ce qu'il avait dit. Cela finirait par se savoir. Il y avait là une infraction à la loi qui pouvait entraîner des poursuites pénales.

Lesseps, lui, ne voyait là qu'une question de forme et de temps. Tout serait souscrit, il en était certain, mais les hésitations, un retard, feraient le jeu de l'Angleterre. « Restez associés, disait-il, à la gloire qui nous attend. Accordez-moi quelques jours et je réponds de tout. »

L'un des quatre administrateurs se laissa convaincre, mais les trois autres persistèrent dans leur retraite. Déjà les journaux du soir annonçaient que l'emprunt était couvert ; il n'y avait donc pas un moment à perdre. Lesseps ne le perdit pas, se fit conduire aux Tuileries, où il espérait bien être reçu malgré l'heure tardive.

« Si Votre Majesté, dit-il à l'empereur, ne vient pas à mon secours, la France, qui doit recueillir gloire et richesse de mon entreprise, subira un échec qu'il faut à tout prix éviter à votre règne. Si l'empereur me donne un mot pour le vice-roi, je me fais fort de revenir dans quinze jours avec les millions qui manquent à la souscription. »

Prenant une feuille de papier sur laquelle il traça rapidement quelques mots : « Allez, dit Napoléon III. Il faut que le canal de Suez soit fait par la France. »

Muni du bout de papier qui allait valoir à l'entreprise 85 millions, Lesseps partit pour l'Egypte où le khédive facilement amené, après avoir lu le petit mot de Napoléon III, à garantir la somme voulue, ne tarda pas à se déclarer le protecteur de la voie nouvelle qu'il devait volontiers, plus tard, appeler « Mon Canal. »

Satisfait d'avoir violé une loi dont l'observation aurait entravé son œuvre, Lesseps vit poindre l'auréole du succès dans sa marche à l'étoile.

Pas tout de suite cependant.

Persistant dans sa mauvaise humeur et son hostilité, l'Angleterre poussait la Sublime Porte à ne pas ratifier le firman de concession donné par le khédive, soutenue dans son opposition par les ingénieurs français des Ponts et Chaussées, qui déclaraient leurs calculs irréfutables.

Les travaux, d'autre part, commencés péniblement, allaient se présenter traversés de difficultés gigantesques ; mais se ruant sur les obstacles sous le regard encourageant de Napoléon III, Lesseps s'était mis à l'œuvre avec sa vigoureuse intelligence, sa volonté froide, sa force d'énergie, se dépensant en voyages, en conférences, en discussions techniques, en explications jugées parfois insuffisantes.

Il avait revu l'empereur dont l'intervention devait s'affirmer dans l'audience du 23 octobre 1859, et qui, après l'avoir écouté, lui avait dit : « Vous pouvez compter sur moi. »

La Porte, rendue plus conciliante par cette parole, consentit à un nouvel examen du firman de concession ; l'Angleterre elle-même parut se radoucir, bien qu'encore opposante, sans prévoir à ce moment-là qu'ensuite de la situation pécuniaire du nouveau khédive, Ismaïl-Pacha, successeur de Saïd, elle s'empresserait de devenir co-propriétaire, en rachetant les actions d'Ismaïl, d'un canal qui abrégeait la route des Indes de 1500 kilomètres.

Le 2 février 1862, ce canal établi en partie dans le lit de celui des Pharaons, portait les eaux du Nil dans le lac Timsah, où la Méditerranée entrait à son tour le 18 novembre suivant.

Mais que d'efforts restaient à faire!

Il devait y en avoir pour sept ans encore d'un travail opiniâtre et de frais inattendus.

Devisé à 160 millions, le canal de Suez allait en coûter 433. Il est vrai que, d'autre part, le passage calculé à trois millions de tonnes devait s'élever après vingt-cinq ans d'exercice à huit millions de tonnes, avec rendement proportionnel.

C'était donc une source vive de fortune que Ferdinand de Lesseps avait amenée; la France le reconnut et le monde s'associa à son admiration, avant de le vouer aux gémonies à propos du percement de l'isthme de Panama.

Exalté par les peuples, recherché par les rois, accablé d'ovations par la foule qui dételait ses chevaux et trainait sa voiture, Lesseps fut le « grand Français, » alla aux étoiles et en savoura l'orgueil dans la radieuse journée du mois de novembre 1869; journée qui consacra l'œuvre triomphale accomplie par Lesseps avec la conviction qu'il y aurait à l'entreprendre et à la conduire profit pour la France et gloire pour Napoléon III.

Une gloire à laquelle Edmond About s'associa sans réserve en faisant hommage à l'empereur du premier exemplaire de son ouvrage sur le *Progrès,* dédié à « l'auteur de tous les progrès. »

CHAPITRE XV

LE 1er JANVIER 1859.

Si l'année 1858 s'était fermée sur les préoccupations des ministres anglais quant au percement de l'isthme de Suez et aux visées sur l'Italie de Napoléon III, l'année 1859 s'ouvrit en donnant à ces visées quelque chose d'officiel.

C'était aux Tuileries, aux réceptions du 1er janvier.

S'approchant du baron de Hubner, ambassadeur d'Autriche, l'empereur lui exprima son regret de ce que les relations de la France et de l'Autriche ne fussent plus ce qu'il désirait.

Ce mot qui fit pâlir M. de Hubner, jeta l'inquiétude en Europe, arrêta instantanément le mouvement des affaires, secoua la Bourse de Paris, enflamma les patriotes italiens, déchaîna leurs divergences d'opinions, de principes et de vues.

Daniel Manin, l'ancien dictateur de la République de Venise, ancien chef du « Parti national de l'Italie indépendante, » rallié dès lors à la monarchie, s'était rapproché de La Farina et marchait secrètement avec Cavour, pendant que Mazzini souhaitait n'arriver que par les moyens insurrectionnels à l'unité républicaine obtenue en dehors de tout concours officiel, en dehors surtout de cette omnipotence de l'Etat qui s'individualisait alors en la personne de l'empereur des Français. Ne voulant que l'intervention de « la nation, disait-il, sauvée par la nation, » il s'indignait de voir s'arrêter à la monarchie le mouvement dont Cavour gardait la direction.

« Le Piémont bouge, » fut le cri du jour dans toute la péninsule, « et s'il bouge, c'est que l'Autriche se prépare. »

Si l'Autriche se prépare, répondait-on à Vienne, où les paroles du 1er janvier 1859 avaient jeté l'émoi, c'est que Turin guette Venise et Milan.

Très vite, le bruit courut que pour ne pas être surpris, le cabinet de Vienne songeait à faire passer le Tessin à ses troupes.

Sur le Danube comme sur le Pô, l'esprit public entrait en ébullition. Déjà Garibaldi demandait des volontaires; le discours du roi Victor-Emmanuel à l'ouverture du Parlement ne fut pas pour en démentir la nouvelle.

La copie de ce discours avait été préalablement envoyée à Napoléon III, qui y fit ajouter cette phrase désormais historique et plutôt belliqueuse : « Tout en respectant les traités, nous ne pouvons pas rester impassibles aux cris de douleur qui viennent à nous de tous les points de l'Italie. »

Ces « cris de douleur, » retenus aux Tuileries, amplifiés à Turin, commentés à Vienne avec une hauteur mêlée de quelque ironie, venaient essentiellement du royaume de Naples, des Légations et des Duchés. Les princes de ces derniers Etats, restaurés après une suite de soulèvements et de meurtres politiques, ne gouvernaient que par la force, dans une sorte d'état de siège continu et avec l'appui de l'Autriche. Les plaintes étaient vives aussi dans le royaume lombardo-vénitien où il était devenu difficile à l'Autriche de gouverner, difficile aussi d'étouffer ce cri : « Le Piémont bouge, » qui se répétait sous le manteau à Venise et à Milan.

Ce cri, le docteur Prosper Ménière le note avec une pointe de scepticisme dans son journal du 8 janvier 1859. « Il y a là, écrit-il, un M. de Cavour, premier ministre, qui est fort disposé à brouiller les cartes. On dit l'empereur fort lié avec le roi de Sardaigne, qui sera appuyé par nous si le Piémont marche. L'empereur voudrait guerroyer et mettre un peu de laurier sur sa tête. »

L'Autriche, dénoncée en France et dans la péninsule comme s'opposant avec ténacité à toute transformation constitutionnelle de ses possessions lombardo-vénitiennes, s'était pourtant efforcée de concilier les exigences de son gouvernement avec les aspirations libérales du pays. L'empereur François-Joseph avait essayé d'établir à Milan son frère, l'archiduc Maximilien, futur empereur du Mexique, dans la pensée qu'il saurait par la culture, la largeur de son esprit, par la droiture de ses intentions, par son goût marqué pour les travaux d'art, de science, d'agriculture, ramener à lui les sympathies publiques; mais le peuple, resté hostile, la noblesse résolument intransigeante, laissèrent l'archiduc à ses illusions et ne firent que le tolérer. On le respecta, on reconnut ses mérites, mais sans le retenir à un poste qu'il dut abandonner, impuissant à exercer une action conciliante, empêché par tout et par tous de prévenir les événements que l'entretien de Plombières et les paroles de Napoléon III à M. de Hubner faisaient pressentir prochains, inévitables.

Le 4 février 1859, la reine Victoria essayait encore de les prévenir en détournant l'empereur au nom de la justice et de l'humanité de ses visées belliqueuses; mais peu de temps après la réception de cette lettre, l'empereur prenait ombrage d'une affaire d'espionnage dans laquelle le gouvernement anglais devait s'être engagé précisément à propos des éventualités redoutées par la reine. Cette affaire raviva chez

Napoléon III les mauvais souvenirs de 1815; il l'écrira le 9 mars suivant à son ministre des Affaires étrangères.

« Vraiment, j'ai bien besoin de trouver quelque part quelqu'un qui puisse me comprendre et qui en jetant sur mes soucis le baume d'une affection intelligente, adoucisse l'irritation naturelle que me causent tous les obstacles qu'on jette sous mes pas. J'ai profondément gravés dans le cœur les tortures de Ste-Hélène et les désastres de Waterloo. Voilà trente ans que ces souvenirs me rongent le cœur. »

Pour être moins violente en Autriche et en Italie, l'impression faite par l'avertissement donné le 1er janvier à M. de Hubner, avait été très vive en Angleterre, où la grande colère du *Times* ne ramena pas le calme. En Allemagne aussi la secousse se fit sentir au point que le prince-régent de Prusse ne craignit pas de déclarer que le pays ne se prêterait à aucune rupture de l'équilibre européen.

A Paris, l'émotion persistant, le gouvernement trouva nécessaire de tranquilliser l'opinion par une note qui atténuerait, au *Moniteur*, la portée des paroles prononcées le 1er janvier. Cette note ne modifia ni les considérations pessimistes du *Journal des Débats*, ni les sombres prévisions du monde politique. C'est en vain que le langage officiel, se faisant pacifique, tenta de ranimer les transactions, de remonter le cours des fonds publics; la méfiance subsistait.

Pourquoi, disait-on, cette sourdine au *Moniteur*, après avoir parlé si haut? L'empereur n'est pas sujet aux entraînements de paroles; il ne s'est pas laissé aller involontairement à un manque de mesure qui a retenti dans le monde comme un coup de tonnerre. Vous verrez qu'au printemps on se battra sur l'Adige.

Attendez au moins, reprenaient les optimistes, les discours de l'empereur à l'ouverture des Chambres.

Sans ajouter à l'inquiétude générale, ce discours ne précisa rien.

« Nous ne sommes pas plus avancés depuis que le sphinx a parlé, » note dans son journal le publiciste Doudan, intelligent interprète de ce qu'on pense et de ce qui se dit dans le salon des d'Haussonville.

Tout en trouvant décevantes les paroles du souverain, Doudan y démêle un sombre pronostic. « Jamais, dit-il, bombe tombant dans une salle à manger n'a fait plus d'impression que ce petit discours. »

Attendons encore l'arrivée de la princesse Clotilde, proposaient ceux qui tenaient à leurs illusions. Il y aura là peut-être quelque symptôme.

CHAPITRE XVI

UN MARIAGE INQUIÉTANT. — LE PRINCE NAPOLÉON ET L'ARMÉE.

Paris venait d'apprendre en effet, par la note du *Moniteur* du 23 janvier, que le mariage du prince Napoléon, dont on s'occupait depuis quelque temps, se ferait, que si la date de cette union projetée depuis quelque temps entre les deux cours et qui répondait aux intérêts des deux pays n'avait pas été fixée plus tôt, c'était à cause du jeune âge de la princesse.

Le général Niel faisait le même jour la demande officielle au nom de l'empereur; et le lendemain, 24 janvier, au bal donné par le roi au palais de Turin, les deux fiancés figuraient avec Victor-Emmanuel dans le quadrille d'honneur, auquel Cavour avait été invité à prendre part.

Le contrat qui, ensuite du vote de la Chambre des députés, constituait à la fille aînée du roi une dot de 500,000 francs, fut signé le 25, cinq jours avant la célébration du mariage.

Le 3 février suivant, les nouveaux mariés arrivaient à Paris, conduits en grand gala au palais des Tuileries pour y offrir leurs hommages aux souverains et recevoir leurs félicitations.

Les Parisiens les regardèrent passer sans une curiosité palpitante ; cette arrivée n'étant sensationnelle que par les événements qu'elle pouvait préparer.

Enjeu de combinaisons politiques, prodrome peut-être de batailles prochaines, la princesse Clotilde n'était pas une messagère de paix.

Elle fut trouvée sympathique, d'une excellente tenue, mais sans beauté, sans élégance, un peu boulotte, dotée insuffisamment ; et si la pensée publique s'occupa d'elle, ce fut pour retourner, à propos d'elle, aux préoccupations que ce mariage soulignait.

Bien que le champ restât ouvert à toutes les conjectures, les espérances de paix allaient diminuant. La présence de Cavour qui disait n'être venu à Paris que pour y présenter ses hommages à la princesse Clotilde, ne rassurait personne ; ses allées et venues au Palais-Royal paraissaient bien fréquentes. N'avait-il pas dit lui-même à M. de Rothschild avec son fin sourire : « Vous ne seriez pas fâché, n'est-ce pas, de me voir quitter le ministère. Cela ferait bien trois francs de hausse ! »

« Oh ! monsieur le comte, riposta le banquier, vous valez plus que cela ! »

On peut avancer sans impertinence que le prétexte des hommages à présenter à la princesse Clotilde n'était pas le seul motif du voyage de Cavour à Paris, et que le désir pressant de s'entretenir des choses d'Italie avec le prince Napoléon avait poussé Cavour à ce déplacement.

Ses impressions en se présentant chez la princesse dans son luxueux établissement du Palais-Royal ne durent pas différer beaucoup de ce qu'il avait pu prévoir en sacrifiant à l'unité de l'Italie la fille aînée du roi Victor-Emmanuel. Il ne devait guère avoir eu d'illusions sur un avenir auquel, assure-t-on, il se serait reproché, à son lit de mort, d'avoir attaché sa responsabilité.

La première ouverture, faite un peu militairement à sa fille par le roi Victor-Emmanuel, avait surpris la jeune princesse, qui en serait peut-être restée à l'étonnement, ne s'étant jamais départie de sa passive soumission aux ordres de son père, s'il n'y avait eu près d'elle une gouvernante opposée d'instinct aux combinaisons d'un ministre astucieux. Certes elle ne souhaitait pas moins vivement que tous les Italiens la grandeur du pays, mais elle ne la voulait pas consommée sur la tête de son élève ; elle s'insurgea contre les calculs d'une politique impitoyable et ne s'en cacha pas.

Cavour découvrit aussitôt que cette pointilleuse

personne avait besoin de changer d'air et pria le roi d'autoriser Mlle de la Foresta à aller voir sa famille.

Diable! reprit le roi, que va dire Clotilde?

Cavour prit l'air de penser qu'elle en dirait ce qu'elle voudrait.

On put croire à cette occasion — Mlle de la Foresta le dit, et la princesse Clotilde ne fut peut-être pas sans le penser,— que le premier ministre, subordonnant tout à l'ambition, était sans cœur, sans égards pour personne ; mais il y avait deux hommes chez Cavour : l'homme politique et l'homme privé.

Révolutionnaire ardent, astucieux, il estimait comme la plupart des Italiens de son époque que la libération du pays primait tout, qu'il n'était pas interdit d'avoir sur ce terrain une conscience à part et qu'il y avait lieu d'y pratiquer la morale du succès.

Diplomate et homme d'action, il visait son but, poursuivait son œuvre avec audace et persistance, sans trop s'arrêter aux scrupules, aux considérations de personnes. Il n'entendait pas marcher de propos délibéré sur le cœur de la princesse Clotilde, mais elle devait souscrire à un mariage qui ferait d'elle le gage et comme la rançon de l'unification de l'Italie. Les Turinois, dont il avait la confiance et l'admiration, seraient de son avis, bien qu'ayant des sympathies pour la fille aînée du roi. Cavour n'agissait-il pas lui-même comme homme public autrement qu'il ne l'eût fait dans son intérieur?

Resté catholique, il entrait en lutte avec l'Eglise et le Saint-Siège. Respectueux du bonheur domestique et des liens de la famille, il semblait dans les tractations actuelles n'en plus faire aucun cas. Probe, désintéressé, il se jouait des traités, des stipulations et du vieux droit public qui pouvaient contrarier les aspirations de la péninsule. D'une parfaite correction en temps ordinaire, il mit son habileté, sa puissance de travail, sa ruse, au service des entreprises les plus aventureuses, n'étant plus et ne voulant plus être dans sa vie publique que l'interprète actif et passionné de cette déclaration du roi à l'ouverture du Parlement : « L'Italie n'est plus l'Italie des Romains ou l'Italie du moyen âge; elle doit être l'Italie des Italiens. »

La correction de Cavour en affaires d'ordre privé avait été jusqu'à contrarier le désir du roi, dont la liaison avec « Rosine, » la fille d'un garde-chasse, était à ses yeux impolitique et déplaisante. Il ne voulait de cette femme, d'ailleurs bonne et modeste, ni comme favorite ni comme épouse morganatique, ce que Rosine devint plus tard, faite comtesse de Mirafiore. Cavour ne cessa de l'ignorer, comptant que Victor-Emmanuel passerait ce manque de complaisance à un ministre qui savait lui épargner bien des choses fatigantes comme les résolutions à prendre ou les Conseils à présider.

Victor-Emmanuel II ne fut pas toutefois le prince ennuyé, distrait, au Conseil et en affaires, que beaucoup de gens ont cru. Peu instruit et plutôt paresseux, il préférait la chasse au travail; mais par sa pénétration, son intuition des choses, sa perspicacité dès qu'il s'agissait de tourner un obstacle; par sa connaissance aussi de la politique italienne dont il suivait tous les fils, connaissait tous les dessous, il fut le collaborateur persévérant de son premier ministre. Lui abandonnant volontiers l'honneur des succès obtenus, il en gardait le profit et se réservait le fond de l'artichaut dont il laissait à Cavour le soin de tirer les feuilles.

Ce fut une nature complexe que celle du premier roi d'Italie; complexe au point d'attirer l'attention des psychologues.

Tout en se laissant hypnotiser par le miroitement de la couronne italienne, il était plus épris des grandeurs acquises au Piémont que de celles promises à sa personne. Le faste du pouvoir le laissait froid; la représentation, à laquelle il se dérobait avec un remarquable sans-gêne, lui répugnait. On sait la façon peu amusante pour ceux que le protocole plaçait à côté de lui dont il présidait les dîners de cour; ne dépliant pas sa serviette, restant immobile, les mains appuyées sur le pommeau de son épée, ne mangeant rien, ne buvant pas, visiblement impatient d'aller rejoindre la « belle Rosine » et de manger avec elle quelque plat savoureux de polenta ou de macaroni.

Sobre, sans besoins d'argent, aristocrate par ses instincts et bourgeois par ses goûts, Victor-Emmanuel II réunissait en sa personne morale comme dans son extérieur le type le plus curieux du monarque et du soldat, d'un prince énergique, descendant résolu d'une des plus vieilles races royales de l'Europe, et de quelque Roger Bontemps sur le front duquel serait tombée une couronne de hasard.

Son nez retroussé, ses lèvres sensuelles, les énormes moustaches relevées en pointe qui rejoignaient ses oreilles, son teint coloré, ses dehors soldatesques, son air à la fois gouailleur et bon enfant, faisaient penser au « soudard » qu'on avait dit, au « brave à trois poils » dont on citait les mots crus. Puis, en représentation, en cérémonie publique, dans les réceptions du palais, sa laideur n'était pas loin de se faire imposante.

A première vue, il nous avait produit l'effet d'un chat fâché ; mais d'un chat qui aurait de la tenue, avec un air de noblesse intransigeante, un peu farouche. L'impression se modifia dans une fête à Turin, où il paya de sa personne, étant bien le roi et sachant le rester.

Accompagné de sa charmante belle-fille, la future reine Marguerite et de son petit-fils, le prince de Naples, devenu aujourd'hui le roi Victor-Emmanuel III, il frappait ses invités étrangers par sa haute prestance, son port de tête, son air martial et courtois, son regard clair et droit. Dire qu'il fit beaucoup de frais, serait excessif, étant d'un abord un peu sec, et saluant de la tête, automatiquement.

Rien d'ailleurs du « Caporal de Palestro, » qu'on nous avait annoncé.

On sait que baptisé «caporal», le soir de la bataille de Palestro, par les zouaves français émerveillés de sa bravoure, Victor-Emmanuel avait gaiement accepté l'honneur de faire partie de leur corps. On sait aussi que Napoléon III l'avait menacé, à la fin de cette journée, « de le faire mettre aux arrêts s'il continuait à s'exposer ainsi. »

Les contraires qui marquaient, au physique et au moral, la personne du roi, se retrouvaient dans sa politique et dans sa dévotion.

Craintive des peines éternelles, sa foi religieuse ne contrariait pas ses penchants. Sa déférence envers le pape et la peur que cet intrépide avait de l'excommunication, n'arrêtèrent pas les entreprises du Piémont contre le Saint-Siège. Entré en lutte avec l'Eglise et le pape, il s'en excuse en quelque sorte et fait à Pie IX, dans sa lettre du 6 janvier 1860, à propos des Romagnes, des Marches et de l'Ombrie bientôt annexées par le Piémont, des ouvertures auxquelles le souverain pontife n'entend pas se prêter et qui, loin d'apaiser son courroux, l'indignent, venant « d'un roi catholique, d'un roi de la maison de Savoie. » — « Je suis très affligé, écrit le pape, non pour moi, mais pour la situation de l'âme de Votre Majesté, car elle est déjà sous le coup des censures. » — Et Pie IX termine en demandant au Seigneur de lui faire la grâce de pleurer « sur les maux affreux qui ont frappé l'Italie avec votre coopération. »

Cette lettre jeta dans l'esprit de Victor-Emmanuel un trouble ressenti par Cavour, dont le roi ne s'était pas séparé pour longtemps après Villafranca, et qu'il voyait avec joie en train de reprendre le portefeuille qu'un accès de colère lui avait fait jeter à la nouvelle de l'accord passé à Villafranca entre l'empereur d'Autriche et Napoléon III.

Nous sommes bien tranquilles, avaient dit les Turinois en le voyant quitter le pouvoir ; il sort, mais avec une contremarque dans sa poche.

Plus maître de lui, contre son ordinaire, que son premier ministre, Victor-Emmanuel ne s'était pas dépensé en récriminations contre les préliminaires de paix de Villafranca. Encore que cruellement déçu, comme patriote et comme soldat, il se garda d'accuser l'allié qui lui était si nécessaire, mais il ne s'expliquait pas ce qui avait pu se passer dans l'âme, trop compatissante à son gré, de Napoléon III au soir de Solférino.

Il n'avait pas, lui, de ces sensibleries, aimant la guerre pour elle-même, y voyant une chasse plus intéressante encore que celle du chamois.

Cette tournure d'esprit s'était retrouvée en traitant le mariage de la princesse Clotilde; et on s'est étonné que cette union ait pu n'occuper que ses vues sans atteindre son cœur.

Pour être peu sentimental, Victor-Emmanuel n'était pourtant pas une âme froide et fermée; il aimait bien sa fille, mais le père ne venait chez lui qu'après le patriote, tenu par l'idée fixe de répondre au vœu de Charles-Albert dont le souvenir, disait-il, restait son étoile tutélaire.

Vaincu à Novare, le roi Charles-Albert avait payé d'un exil qui ne finit qu'avec lui son dévouement aux aspirations nationales. De ce rêve de son père, Victor-Emmanuel ferait, lui, une réalité, ayant quelque hâte d'être roi d'Italie et n'ignorant pas qu'il ne pouvait le devenir que par la volonté de l'empereur des Français.

Déjà au mois de mars 1856, il écrivait à Cavour : « Ce qu'a dit l'empereur dans son discours m'a plu. Le mot « Roi de Piémont » m'a frappé. Si, en se trompant, il eût dit « Roi d'Italie », comme cela aurait été drôle. — Rappelez à l'empereur que je me fie à lui et attends beaucoup de lui. »

Le ton changera après le mariage de la princesse Clotilde, une fois les choses résolues et la lutte engagée. Le roi trouve que cela ne marche pas assez vite, il s'impatiente et se fâche. « Il me semble, écrit-il, que nous sommes en mauvais point. Ce chien d'empereur se moque de notre tête. Il y a, hélas! quelque chose qui me le dit depuis longtemps, et ses assurances impériales ne m'ont jamais convaincu. Si on désarme, nous faisons la culbute complète. — Je comptais marcher sur Mortara, écrit-il encore au mois de mai suivant, mais l'empereur m'a de nouveau arrêté. C'est chose déplorable que de voir les hésitations du haut commandement. Par ces ordres et contre-ordres continuels, nous sommes toujours exposés à faire de grandes bêtises. »

Si Victor-Emmanuel parut avoir oublié en 1870 ce qu'il devait à l'empereur, c'est que la soudaineté des événements militaires le contraignirent à l'inaction dans l'intérêt de l'Italie.

Ne voulant pas trop s'arrêter à ce qu'avait d'absolu le caractère peu maniable du prince Napoléon, Victor-Emmanuel voyait sans déplaisir la perspective d'avoir pour gendre le cousin de l'empereur. Cet homme lui allait par sa nature puissante, originale, marquée de profondeur, et qui avait sur les affaires d'Italie comme sur la solution de la question romaine les mêmes idées que lui. Tous deux devaient s'entendre à merveille sur les tâtonnements, les hésitations, les reculs qui allaient marquer la politique italienne de Napoléon III. Tout de suite, le roi avait reconnu chez son gendre une intelligence de logicien que tout intéressait, un polémiste vigoureux qui savait devenir un causeur enjoué. Il comprit vite qu'il aurait en lui un allié de la première et de la dernière heure sur le terrain de l'unité italienne, de la question romaine et du pouvoir temporel du pape ; trois points sur lesquels, en effet, le prince ne devait pas cesser de se prononcer avec le secours de sa plume incisive comme de sa parole éloquente et sonore; car le prince Napoléon, écrivain de race, fut au cours de sa vie agitée et stérile un orateur de premier ordre.

Si, malgré ses dons merveilleux, il fut une force perdue, c'est qu'il eut cette mauvaise fortune — un peu voulue d'ailleurs, — de n'avoir presque personne pour lui, pas plus aux Tuileries, où l'empereur seul lui restait attaché, qu'à l'armée et dans la société.

L'armée, qui s'était montrée surprise de sa nomination de général de division hors cadre ensuite de laquelle il se trouvait placé au sommet de la hiérarchie militaire, lui reprochait de rester étranger aux choses du métier, de préférer la politique aux manœuvres, de mépriser les décorations, de ne pas aimer l'uniforme, bien qu'il l'eût porté avec honneur devant l'ennemi pendant la guerre de Crimée, à l'Alma, à Inkermann.

Au lendemain de cette dernière journée, ennuyé de son inaction dans les flaques et la boue des tranchées, atteint bientôt du choléra, le prince gagna Constantinople où ses agissements, devenus gênants pour l'ambassadeur français, précipitèrent son retour à Paris. Ce retour lui valut de la part des soldats, pour lesquels cependant il s'était montré plein de sollicitude en faisant avec eux la malheureuse expédition de la Dobrutscha, l'injuste surnom de Craint-Plomb.

Le cinquième corps d'armée, dont il reçut le commandement pendant la guerre d'Italie, avait pour mission de coopérer à l'extrême droite de l'armée française; elle réussit à assurer la tranquillité de Florence, mais ne fut pas engagée, malgré une marche forcée à travers les Apennins pour gagner la Lombardie. Arrivé sur le théâtre des opérations, le prince apprit la signature des préliminaires du traité de Villafranca.

Son séjour à Berlin, en 1868, ne paraît pas l'avoir rallié aux séductions de l'uniforme. « Ces Prussiens, écrit-il, ne sont pas rassurants. Je m'ennuie à mourir dans cette cité bardée de fer, canons, parcs d'artillerie, arsenaux, soldats. — Partout des militaires. Partout : chez le roi, chez la reine, dans les salons, dans les rues; toujours des officiers, des feld-maréchaux, des généraux en grande tenue. »

Il avait tenu pourtant à pénétrer dans ces milieux, désireux de se mettre au courant de l'organisation de l'armée prussienne, suivant attentivement les manœuvres et se faisant introduire dans les casernes par le colonel Stoffel; celui-là même qui avait collaboré avec Napoléon III à la *Vie de César* et dont les rapports comme attaché militaire à Berlin sont devenus célèbres.

Aucune mission politique ou militaire ne se cachait d'ailleurs sous ce déplacement du prince Napoléon, qui ne fit alors à Berlin qu'un voyage de curiosité, sans prendre la peine d'en prévenir l'ambassadeur français, le comte Bénédetti.

Cette visite imprévue — un souci pour ce dernier — ne fut pas sans intriguer Bismarck, qui demanda s'il aurait devant lui un touriste ou un envoyé. « Je n'en sais absolument rien, » répondit l'attaché questionné par le chancelier dont les entrevues avec le prince ne furent pas dénuées d'intérêt. C'est un homme très fort, disait Bismarck; c'est un véritable politique.

Ayant abordé avec sa désinvolture ordinaire les compensations auxquelles la France aurait eu droit lors des remaniements de territoires amenés par Sadowa, Bismarck, en train de se montrer bon enfant, n'y contredit pas et parla de quelques coins de pays dont la Prusse n'avait pas à disposer. « Merci, dit le prince Napoléon, vous nous offrez ce que vous ne possédez pas. »

CHAPITRE XVII

LE PRINCE NAPOLÉON ET LES TUILERIES.

Pas plus que Victor-Emmanuel II, Napoléon III ne se buttait aux défauts de son cousin ; défauts si saillants qu'ils effaçaient aux yeux de la plupart des gens ses remarquables facultés. C'était souvent à se demander si ce quelque chose qui ne se refait pas et s'appelle la première éducation, ne lui avait pas manqué. Son humeur frondeuse, ses façons tranchantes, ses jugements à emporte-pièce amenèrent l'empereur à sévir contre lui, mais ces sévérités ne les séparaient pas longtemps. Il y avait entre eux trop de souvenirs, ceux notamment de l'exil et de l'adversité. « Que voulez-vous, disait l'empereur en apprenant quelque nouvelle incartade, en traversant par sa faute quelque sérieux ennui. Nous avons grandi, souffert ensemble. C'est moi qui lui ai appris les mathématiques ; ces choses-là ne s'oublient pas. » Certaines tendances, autoritaires en même temps que démocratiques, les rapprochaient ; spécialement celles sur le suffrage universel, cette source et base du pouvoir impérial, qu'il fallait prendre garde, à leur avis, de ne pas dénaturer en l'érigeant en droit divin.

La mémoire du prince, sa vaste érudition, certains conseils aussi sur des questions complexes et dont la pénétration avait frappé l'empereur, entretenaient leur ancienne amitié.

En général cependant la douceur persuasive qui valut au souverain tant de sympathies n'était pas dans la manière du prince Napoléon ; il eut le don de décourager, d'éloigner ceux qui auraient voulu pouvoir l'aimer et qui finissaient, humiliés par ses rebuffades, meurtris par sa dialectique un peu méprisante, par passer dans le camp de ses adversaires. Il lui était facile de donner à sa conversation un tour intéressant et de frapper ses interlocuteurs par l'originalité de ses aperçus, mais il ne lui était pas donné comme à Napoléon III de faire naitre les dévouements ou seulement l'affection.

Dilettante de la controverse, il appelait la discussion pour le plaisir et l'orgueil d'en triompher, ayant le goût, l'habitude d'imposer ses idées et de n'avoir au fond qu'une opinion, la sienne.

L'indulgence de l'empereur pour ce cousin entier et remuant tenait à ce qu'il l'avait toujours traité en frère cadet et en enfant gâté « qui se croit tout permis, » disait l'impératrice.

Grandis avec l'âge, ses défauts avaient fait de lui ce qu'il était, sceptique et brusque, plein de lui-même. Il lançait volontiers des mots impertinents. N'avait-il pas dit en parlant de l'empereur et de son effacement à lui : « J'aime mieux être tête de souris que queue de lion ! » Intransigeant en tout, il se confinait dans une politique d'isolement dont l'empereur, par esprit de famille, cherchait à adoucir les angles en même temps qu'à concilier les différences de caractères, l'antagonisme des idées.

Aussi indépendante et décidée que son frère, mais plus amène que lui, la princesse Mathilde avait des amitiés, des relations qui n'étaient pas toujours celles des Tuileries, loin de là ; mais si, à l'occasion, les rapports pouvaient se tendre un peu, la grande affection que l'empereur avait pour la princesse triomphait de tous les malentendus. Il estimait d'ailleurs que le salon artistique et littéraire de sa brillante cousine ajoutait à l'éclat du règne et que plus d'un « Mathildiste, » comme on appelait les fervents de ce salon, étaient bien près de devenir impérialistes.

L'impératrice de son côté, sans se joindre aux détracteurs du prince Napoléon, sans chercher ni à le discréditer ni à le mettre en tutelle, ainsi que le prétendaient les familiers du Palais-Royal, avait quelque peine à admettre le manque de procédés d'un prince si près du trône, chez lequel le sens droit des choses faisait défaut, et qui devait pousser le mépris des convenances, du devoir et de sa propre dignité jusqu'à déshériter à la fois sa femme, son fils et sa fille.

Il se montrait peu chez la souveraine, n'aimant pas à se gêner et le faisant voir, s'il était mal tourné, à tout venant.

Le jour de la fête de l'impératrice, en pleines séries au château de Compiègne, l'empereur lui demanda à la fin du dîner de porter la santé de sa cousine. Le prince répondit par une de ces grimaces dont il avait le secret.

Sans s'y arrêter, l'impératrice lui dit gaiement : « Vous êtes très éloquent, mais vos discours font toujours un peu peur. »

L'empereur répéta sa demande. « Je ne sais pas parler en public, » reprit le prince. L'empereur s'adressa alors au prince Murat, qui s'empressa de s'acquitter ; tous les convives étant déjà debout pour écouter le toast.

Restée souriante, l'impératrice prit le bras du prince Napoléon pour rentrer dans les salons.

Personne ne s'était aperçu de l'incident, qui pourtant s'ébruita le lendemain et secoua le château.

Prévenu qu'il n'y serait pas retenu, le prince repartit pour Paris, plus froissé d'être congédié qu'ennuyé de rentrer chez lui.

Son ressentiment se doublait d'une déconvenue, celle que la naissance du prince impérial lui avait apportée, s'étant habitué aux premières années du règne à la pensée que Napoléon III pourrait n'être que son prédécesseur à lui. Il avait même quelque peine, à ses jours de maussaderie, à ne pas laisser voir que cet enfant le gênait.

C'était encore à Compiègne, dont l'atmosphère décidément ne lui réussissait pas, à l'heure du dîner alors que les souverains, quittant leurs appartements, traversaient les salons du palais pour se rendre à la galerie voisine de la salle à manger où leurs hôtes les attendaient. Le prince Napoléon, l'air ennuyé, boudeur, marchait derrière eux, à côté du petit prince, qui n'avait alors que neuf ans, mais auquel son rang donnait le pas sur son cousin. Arrivé au seuil de la première porte, l'enfant, avec autant de gentillesse que de déférence, s'arrêta de manière à ce que le prince fût le premier à la franchir. « Passez, » lui dit ce dernier en fronçant les sourcils. A la seconde porte, l'enfant renouvela son mouvement. « Passez donc, » répéta le prince d'un ton aussi dur que son regard. Au seuil de la galerie pleine de monde, étincelante de lumière, le petit prince voulut s'effacer d'une manière plus marquée encore, mais son cousin, perdant patience, le poussa si vivement que l'enfant, projeté hors de la porte, perdit son équilibre et faillit tomber sur le parquet glissant.

« Je n'oublierai jamais, écrit Mme Carette, qui faisait partie de la suite des souverains, l'expression de dureté maussade du prince Napoléon. »

Tout pâle, l'enfant relevant son joli front, avait rejoint son père et saisi sa main.

CHAPITRE XVIII

LE PRINCE NAPOLÉON ET LA SOCIÉTÉ. LA PRINCESSE CLOTILDE.

La rudesse du prince Napoléon prenait parfois un tour gouailleur ; il distribuait des mots à lui dont tout le monde n'avait pas lieu d'être fier ; les sénateurs entre autres.

Visitant le palais du Luxembourg, au lendemain de l'incendie qui venait de détériorer la salle des séances : « Pour ce que les sénateurs y font, dit le prince, ils pourraient se dispenser de siéger. »

« La grande galerie, reprit M. de Gisors, introducteur du prince, serait-elle assez sonore ? » — « Pour ce qu'on y dit, répondit le prince, on entendra toujours assez. »

La brusquerie de sa conversation fit notre étonnement à la fête donnée au ministère de l'intérieur en l'honneur de l'archiduc Albert, le vainqueur de Custozza, une des plus hautes, une des plus intéressantes personnalités de la cour d'Autriche.

Littéralement, le prince Napoléon semblait tenir l'archiduc sous sa patte.

Amené par le flot des invités qui se pressaient pour les voir à quelques pas de ces deux princes, nous ne pouvions saisir le sujet de leur entretien, mais l'attitude du prince Napoléon, ses haussements d'épaules, son ton péremptoire, son air dominateur ne nous échappaient pas. L'archiduc l'écoutait, ne pouvant faire que cela, sans le regarder, la tête un peu inclinée, avec une sorte de résignation visiblement partagée par la princesse Clotilde debout à côté d'eux.

Belle médaille césarienne d'ailleurs, intéressante à observer que celle du prince Napoléon, avec l'ampleur de sa haute taille, sa tête puissante, bien attachée sur de hautes et larges épaules; avec ses yeux noirs, au regard pénétrant, son front vaste, chargé de pensées. Son expression, ses traits, sa tenue, sans attirer la sympathie, annonçaient l'indépendance, la volonté, toutes les énergies du corps et de l'esprit. C'était bien là le masque vivant de ces vrais Bonaparte qu'il disait lui-même être « des cerveaux et non des cœurs. »

Par instants, on croyait avoir devant soi Napoléon Ier, brusque comme son neveu et qui bousculait le monde à la fois de la parole, de la plume et de l'épée.

Le prince Napoléon, lui, usait surtout de la parole, mais un peu de la façon dont son oncle se servait de la plume en des billets qui ressemblaient à des coups de trique. Ses sorties humoristiques, sa manie surtout de déshabiller devant ceux qui entraient dans son salon les personnes qui en sortaient, lui firent plus d'un ennemi.

Chacun ne savait pas s'en tirer comme le visiteur avisé dont parle Alfred Darimon.

Ce visiteur, qui avait salué le prince et repris son chapeau, — le prince ne pouvant souffrir que ses interlocuteurs se tinssent devant lui le chapeau à la main, — s'était arrêté sur le seuil de la porte.

« Je croyais que vous vous en alliez, » lui dit le prince en lui jetant un regard oblique et mécontent.

« Je ne serais pas fâché, répondit le visiteur, de ne sortir qu'après le monsieur qui vient d'entrer dans la bibliothèque. En me retirant le dernier, vous n'auriez plus personne pour dire du mal de moi. »

Si le prince Napoléon ne ménageait guère ses amis dans ses propos, sa fantaisie frondeuse, mais éloquente, colorée, s'exerçait de même dans ses discours publics. Les affaires de Pologne, le pouvoir temporel du pape, le régime parlementaire, même le plébiscite furent pour lui des occasions cherchées de se rendre désagréable au gouvernement, alors même que deux de ses meilleurs amis, Emile Ollivier et Maurice Richard en faisaient partie.

En opposition réglée avec Rouher, il éprouva un

jour, au Sénat, le besoin de se jeter sur la maison d'Orléans dont il signala les procédés hostiles et ténébreux envers la branche aînée des Bourbons.

Le duc d'Aumale, qui n'était pas homme à laisser passer cela, tailla sa grande plume, lança une brochure qui fit du bruit et faillit amener les deux princes sur le terrain. Ce débat dans lequel l'empereur intervint pour interdire à son cousin de se battre en duel, passionna l'opinion puis se termina par la condamnation à six mois de prison de l'imprimeur et par la saisie de la brochure.

Plus retentissant encore devait être en 1865, pendant que l'empereur voyageait en Algérie et que l'impératrice exerçait sa seconde régence, le discours d'Ajaccio. Un discours-programme à l'occasion de l'inauguration de la statue de Napoléon Ier, et dans lequel le prince Napoléon, opposant à son peu de sympathie pour le pouvoir personnel sa prédilection pour le suffrage universel loyalement appliqué, pour la liberté de la presse et le droit de réunion, recommandait la suppression du pouvoir temporel du pape. C'était enfin, avec l'amer regret de ce qui ne se faisait pas, la critique de tout ce qui se faisait, des actes et des tendances de la politique suivie.

Il y fut répondu dans une note au *Moniteur* et dans une lettre écrite d'Algérie par le souverain avec une ironique sévérité par un désaveu qui entraîna de la part du prince la démission de toutes ses charges, sauf celle de sénateur.

Ce fut alors une véritable allégresse dans le camp de ceux que le prince traitait de « vieux bonzes » et qui se rattrapaient en l'appelant « Plon-Plon, Prince Rouge, Jérôme Egalité, César de Belleville. »

Ayant appris que le personnage était menacé d'un mal qui ne pardonne guère, ces messieurs s'étaient écrié avec une joyeuse ferveur : « Saint-Diabète, priez pour nous ! »

Les amis du prince Napoléon cherchaient à expliquer son peu de mesure par l'aigreur des loisirs forcés que lui faisaient l'éloignement qu'il inspirait aux hommes d'Etat et les épigrammes de l'entourage des Tuileries. Né pour l'action, disaient-ils, le prince se voit condamné à l'immobilité.

Il faut, d'ailleurs, avec ces mêmes amis, rendre cette justice au prince Napoléon qu'il fut non seulement bon administrateur, mais administrateur intègre, ennemi des tripotages et qu'il ne profita pas pour augmenter ses biens des facilités de sa situation.

Dédaigneux, d'autre part, de l'opinion publique, il se mit trop au-dessus d'elle, tout en se plaignant avec les « C'est absurde, » les « C'est bête, » les « Ça n'a pas le sens commun, » qui émaillaient sa conversation, du peu de sympathie qu'on lui témoignait dans les hautes classes de la société, et chez l'impératrice. « Cela, disait-il, à cause de mes croyances et de mes opinions. »

« Il n'a été gardé, écrit Paul Lenglé, un de ses rares fidèles, ni par sa femme ni par ses enfants. »

Mais se serait-il laissé garder, défendre contre lui-même, ce prince impétueux, impatient de tout frein, qui jamais ne se donna la peine de voiler ses écarts, menant de front le travail et le plaisir?

Voué, après la guerre de 1870, dans son exil de Prangins, à l'isolement et aux brouilles de famille, le prince fit du principe républicain sa dernière incarnation politique; ce qui ne l'empêcha pas de jeter ce cri d'orgueil dans son manifeste du 16 janvier 1883 : « Héritier de Napoléon Ier et de Napoléon III, y disait-il, je suis le seul homme vivant dont le nom ait réuni sept millions trois cent mille suffrages. »

Démocrate autoritaire, partisan d'idées avancées, mais tenant à ses titres et à ses avantages, il voulait bien la Troisième République, et n'aurait pas refusé d'en être le président.

Passant allégrement, avec la même publicité, de Cora Pearl à Plutarque et à Montesquieu, se déclarant anticlérical puis déiste : « Par la religion, disait-il, on a les femmes; et il faut compter avec les femmes. »

Cela ne l'engageait pas, bien entendu, à compter avec la sienne.

Il eut pourtant cette condescendance de lui reconnaître quelque valeur, de faire cas de son bon sens. « Elle n'est pas bête, disait-il, mais elle n'est pas faite pour la politique, » pas plus que pour la vie mondaine et la conversation. Ne l'avait-il pas vue s'endormir à table !

Epris des élégances féminines, il avait peine à se faire à la simplicité de la princesse Clotilde ; la petite robe noire qu'elle aimait à porter chez elle le faisait sourire. Est-elle assez fagotée ! disait-il à un ami en la voyant se promener dans le jardin. C'est trop de vertu, vraiment, mais j'aime encore mieux être le mari de Clotilde que de l'impératrice, qui est une femme d'imagination.

La princesse Clotilde ne devait pas être, en effet, sujette aux entraînements de l'imagination, de l'avis du prince au moins ; et il en profitait pour lui faire accepter sa liberté d'allures. « Elle sait, disait-il avec une tranquille impertinence, que son mari ressemble à son père. »

S'il la ménagea davantage quant à certaines prescriptions de l'Eglise et aux lois du jeûne, — qui furent toujours strictement observées au Palais-Royal, — c'est qu'il s'était arrangé à n'en avoir personnellement aucun ennui et à ne pas souffrir d'un régime qui ne s'imposait pas, disait-il, à ses convictions. Ses amis étaient informés qu'il accepterait leurs invitations le vendredi; nous avons dit ailleurs le tapage que fit celle de Sainte-Beuve, tombée sur le Vendredi-Saint.

Il fit encore cette concession à sa femme de ne pas la contraindre à demeurer dans la « maison pompéienne, » qui émerveilla Paris et dont les enchantements nous sont restés. La princesse ne passa qu'une nuit dans le boudoir où le printemps couronnait l'été de fleurs, où l'automne s'endormait dans les bras de l'hiver. Dans l'atrium, l'eau retombante dans un bassin de marbre cerclé de bustes napoléoniens jetait son frais murmure. Dans le salon rouge, Homère, peint par Gérome, disait ses vers entre l'Iliade et l'Odyssée.

C'était là trop de mythologie pour la tournure d'esprit de la princesse Clotilde, trop de réminiscences de l'art païen de la Grèce et de Rome.

Il n'y eut jamais, au surplus, dans aucun domaine, sur aucune question, la moindre affinité entre le prince Napoléon et la princesse Clotilde.

Que pouvait sur le tempérament déréglé de cet homme une douce et pieuse jeune femme, élevée par sa mère, la reine Adélaïde, née archiduchesse d'Autriche, à l'école de la résignation! C'est de concessions incessantes que la princesse Clotilde fut appelée à vivre au Palais-Royal; à commencer par les invités que lui amenait son mari, qu'elle n'eût pas tous choisis, et qu'elle reçut néanmoins avec un gracieux empressement, ne voulant savoir des artistes, écrivains et savants, hommes de lettres et politiciens, philosophes, libres-penseurs dont le prince aimait à s'entourer, que leur talent et leur réputation.

Plus ennuyé que contraint par la ferveur des croyances de sa femme, par le tour presque ascétique de ses goûts, de ses habitudes, le prince Napoléon en haussait les épaules, ainsi que de son peu de penchant pour la toilette et les plaisirs mondains. Son sens noble et droit ne lui suffisait pas. Elle est née pour le cloitre, disait-il, et il usait de cette découverte pour lui servir sous toutes les formes son infidélité.

Résolue à éviter une rupture et à ne rien laisser paraître de la séparation morale qui s'était faite entre elle et son mari, elle accepta avec dignité une situation qui ne l'amoindrit pas.

Si elle ne s'amusa pas beaucoup dans la vie, n'étant pas elle-même très amusante, elle la regarda en face et la traversa sans déroger, se souvenant que sans elle la maison de Savoie ne serait pas ce qu'elle est devenue.

Flattée, d'une part, dans son sentiment de princesse piémontaise, elle allait, d'autre part, au-devant de peines de plus d'un genre en s'apercevant que de l'agrandissement de sa maison découlerait fatalement l'amoindrissement de la souveraineté du pape.

Epouse meurtrie, catholique éprouvée, elle vit clair en elle-même et garda un sens très sûr de la situation qui lui était faite à ce double point de vue.

On n'a pas oublié sa noble attitude au 4 septembre 1870, alors que Paris, pris de fièvre et de colère se ruait sur les Tuileries et que, depuis le matin, les télégrammes de Florence et de Turin la pressaient de partir. Elle refusa de quitter le Palais-Royal autrement qu'elle n'y était entrée. « Je ne m'éloignerai, dit-elle, que lorsque l'impératrice aura quitté les Tuileries. »

En la voyant passer dans son landau de l'air dont elle partait pour sa promenade ordinaire au Bois, la foule hurlante respecta son courage. « C'est, criait-on, une crâne femme tout de même ! »

CHAPITRE XIX

BRUITS DE GUERRE. — LE GÉNÉRAL COTTE. — L'INTENDANCE MILITAIRE. — LE CAPITAINE BRADY. — ENTRAIN GÉNÉRAL. — LE COMTE D'HÉRISSON.

Pendant que les échos du Palais-Royal, pénétrant dans les salons, en alimentaient les causeries ; les dispositions belliqueuses que la parole du souverain avait livrées n'étaient oubliées par personne et préoccupaient les esprits. On rapportait tout au mot du 1er janvier.

Seul peut-être en France, resté silencieux dès lors, Napoléon III évitait de se prononcer au milieu de tant de discussions et de bruits contradictoires. « C'est un grand écouteur, » note le docteur Prosper Ménière dans son Journal du 1er avril 1859. « Les plus habiles se retirent sans savoir le secret de cette intelligence supérieure. Son visage, ses monosyllabes ne trahissent pas sa pensée. »

Et pourtant, tout se précipitait.

L'Autriche, à laquelle Garibaldi et son corps de partisans donnaient quelque soucis, augmentait en Lombardie ses forces militaires, pendant que les petits Etats italiens se disposaient à entrer dans le mouvement et à renvoyer leurs princes. Déjà les stratégistes en chambre, préparant leurs cartes et leurs épingles, voyaient les pantalons rouges entrer à dates fixes à Milan, à Vérone, à Venise.

Le 2 mai la guerre était déclarée et les questions de détail se posaient aux Tuileries, où l'impératrice passait pour ne pas souhaiter le départ de l'empereur, estimant que sa présence était encore plus nécessaire à Paris qu'à la tête de l'armée.

Contrairement à ses habitudes, Persigny pensait comme elle et se démenait contre le départ avec la virulence habituelle de son dévouement à la personne du souverain qui, de son côté, écoutait, ne discutait pas, mais était à part lui parfaitement décidé.

Il ferait la campagne d'Italie et en prendrait le commandement. Il avait son plan, mûrissait ses choix, distribuait dans sa pensée les rôles et les attributions, amenait peu à peu l'impératrice à entrer dans ses projets.

Le duc de Padoue serait nommé au ministère de l'intérieur, le maréchal Vaillant garderait celui de la guerre. Au moment de partir, l'empereur annoncerait à la nation qu'il confiait la régence à l'impératrice et le prince impérial à la garde du peuple français.

La publicité des décisions prises mit plus d'une

cervelle à l'envers. Persigny vitupéra, mais ne voulant pas rester sur sa fâcherie en se séparant de son maître et ami, il alla se placer, le 10 mai 1859, sous la voûte des Tuileries, s'approcha de la voiture où les souverains venaient de monter et dit à l'empereur : « Je viens faire ma paix et vous offrir mes vœux. »

Le général Cotte, qui n'avait pas mieux compris que Persigny ce départ chanceux, s'était exprimé sans ménagement sur la guerre elle-même.

Original et brave, prompt aux boutades, il n'avait pas craint de dire au salon des aides de camp, en allumant sa cigarette, après le dîner des Tuileries : « Allons ! c'est décidé. Nous partons pour l'Italie. Première étape : Charenton ! »

Une demi-heure après, comme il venait de remonter dans le salon de l'impératrice, Cotte vit l'empereur s'approcher de lui : « Je respecte trop, général, dit ce dernier, les idées des autres pour vous faire suivre une guerre qui blesse vos convictions. Vous resterez auprès de l'impératrice. »

Saisi, consterné, indigné aussi d'avoir été si méchamment, si rapidement desservi, Cotte resta muet, mais sa résolution fut vite prise. Il se ferait pardonner en désobéissant.

Une semaine après le 10 mai, Cotte, qui avait fait conduire sans rien dire à personne ses bagages et ses chevaux à la gare de Lyon, s'y rendit en fiacre, se glissa, inaperçu, dans un vagon du train impérial, ne se montra qu'à la gare de Marseille où l'empereur vint lui serrer la main avec le bon sourire qui soulignait sa façon d'être vis-à-vis des personnes de sa maison.

C'était pour le général l'autorisation muette de reprendre à l'armée d'Italie son service d'aide de camp.

Un aide de camp de plus n'était pas pour gêner la suite considérable du souverain, qui avait avec lui, pour le seul service des écuries, 120 chevaux, 24 voitures, 68 serviteurs.

Pendant que les aspirations patriotiques, les démarches intéressées, les espoirs satisfaits ou déçus sévissaient aux Tuileries et dans les ministères, les premiers corps de troupes s'ébranlaient avec un entrain qui fut durable et que les récits les plus enflammés n'ont pas exagéré.

Le succès aidant, le moral de l'armée d'Italie se maintint jusqu'à la fin de la campagne dans la note gaie. Il sembla vraiment que la consigne fût, en Italie, en France et à Paris, de s'enthousiasmer pour la gloire militaire sans se soucier de ce qu'elle coûte, sans songer aux suites poignantes que cette gloire entraine pour beaucoup de ceux qu'elle touche. On exalta l'esprit de sacrifice, le courage déployé, l'insouciance du péril, le mépris de la mort sans s'arrêter à cette obsession farouche qui saisit, grise les combattants : supprimer les obstacles, faucher le plus possible des vies humaines qui se dressent, menacent et se défendent. La beauté de l'élan, la splendeur des grandes forces mises en action hypnotisèrent l'esprit public.

Au départ des troupes, qui avaient fleuri les canons de leurs fusils et s'entassaient joyeusement dans les vagons sur lesquels on lisait, tracés à la craie, ces mots : « Train de plaisir pour l'Italie et Vienne, » la surexcitation prit un caractère d'extraordinaire intensité. Tout le long du réseau du Paris-Lyon-Méditerranée, les populations se tenaient massées au passage des trains militaires.

A Marseille, pris de délire, soldats et fantassins eurent à se débattre, pour se rendre au quai d'embarquement, dans une marée humaine. Le régiment des Guides, dirigé sur Gênes par étapes, n'eut pas à se plaindre, à Cannes et à Nice, des blondes Anglaises et des brunes Italiennes. Il y eut là pluie continue de fleurs et de friandises, sans parler des tablettes de chocolat lancées par les vieilles dames, des cantates, lâchers de pigeons et ballets allégoriques offerts par la municipalité.

Le passage de la Corniche, mouvementé à l'entrée de chaque village d'aubades et de députations de jeunes filles, n'avait pas été moins intéressant pour le régiment des Guides dont nous avons dit ailleurs les intarissables succès militaires et mondains, la réputation de vaillance et de chic. Passés de Gênes au quartier général d'Alexandrie, les Guides apprirent là, le même soir, la victoire remportée à Palestro par les deux divisions de l'armée sarde sous les ordres de Victor-Emmanuel.

Pendant que le régiment des Guides s'acheminait allégrement vers les champs de bataille du nord de l'Italie, les autres armes franchissaient les Alpes avec non moins d'entrain, malgré l'imprévoyance, qui s'affirma tout de suite, de l'intendance militaire.

Le capitaine Brady, en mission à Turin, et qui avait quitté Paris le 29 avril, trouva à Suze, en revenant de Turin, le général Trochu fâcheusement impressionné.

A Suze, comme à St-Jean-de-Maurienne, dans les campements des troupes en marche, dans les trois divisions du maréchal Canrobert qui servaient d'avant-garde, l'insuffisance des préparatifs s'était fait sentir. Les plaintes contre l'intendance et les bureaux de la guerre étaient générales. Sur toute la ligne une incurie étrange. Les batteries, restées incomplètes, étaient toutes en retard sur leurs divisions. Dans l'ensemble, dans les détails, une fiévreuse attente de tout ce qui ne venait pas: ustensiles et munitions, personnel et approvisionnements. « Nous marchons sur l'ennemi, disait Trochu, sans cartouches et sans canons. »

« Demandez donc à l'empereur, ajoutait Bourbaki, si son ministre de la guerre est un traître ou s'il est tombé dans l'imbécillité. »

Le capitaine Brady, ayant repassé le Mont Cenis, ne rencontra pas à St-Jean-de-Maurienne des visages plus satisfaits qu'à Suze, où le général Lebœuf, surmené par les retards et les difficultés, recommanda à Brady de renseigner le souverain, aussitôt débarqué.

Le 4 mai, à sept heures du matin, Brady se présentait aux Tuileries, fut reçu par l'empereur dans sa chambre à coucher et lui dit tout, même la question insolite que Bourbaki l'avait chargé de faire.

Sortant de son impassibilité pour tirer fortement sa moustache, l'empereur répondit qu'un tel état de choses ne pouvait qu'entraîner la révocation d'un ministre que son âge ne laissait plus à la hauteur des circonstances, et qu'il allait être remplacé au ministère de la guerre par le maréchal Randon.

Informé par un mot du souverain, le maréchal Vaillant ne se retint pas d'exhaler ses plaintes, demanda à partir pour l'armée et finit par être emmené comme major général. Cette condescendance ne parut pas justifiée, aux yeux de Brady entre autres, qui estimait son départ, à lui Brady, plus motivé que celui du vieux maréchal Vaillant. Ne désespérant pas toutefois d'être appelé bientôt à prendre part aux opérations, Brady attendait un ordre de départ quand on lui apprit qu'il resterait auprès de l'impératrice comme intermédiaire entre elle, le ministre de la guerre et celui de la marine. Son rôle spécial, qu'une courte mission à Gênes n'interrompit qu'un instant, serait de mettre la régente au courant des opérations militaires, de lui en expliquer la marche et l'organisation.

Contraint de faire comme le soldat de Scribe et de se taire sans murmurer, Brady rongea son frein tout en faisant de son mieux pour que l'impératrice ne s'en aperçoive pas.

Satisfaite de son intelligence et de son exactitude, mais devinant sa déception, l'impératrice se promit de ne pas prolonger le service du capitaine qui ne devait plus être que d'une dizaine de jours. Survinrent les dépêches annonçant les combats de Montebello et de Palestro. « Brady, lui dit-elle en passant au salon après le dîner, je suis fatiguée d'avoir devant les yeux votre figure de mauvaise humeur. Vous pouvez faire vos préparatifs et partir demain. » Puis, redevenue souriante et quittant l'air sévère qu'elle avait feint de prendre, elle le pria de remettre à l'empereur la lettre qu'elle tenait à la main et de lui donner, à elle, des nouvelles de l'armée le plus souvent possible.

Ayant deviné l'utile et brillant officier qu'il allait être sur les champs de bataille, elle n'avait pas voulu retarder une satisfaction que Brady, tout ému, sut lui témoigner. Si, à son tour, elle lui demandait l'exacte vérité sur tout ce qu'il allait voir à l'armée, c'est qu'elle savait — nous le lui avons nous-même entendu dire — qu'il n'est pas toujours facile de la savoir.

L'intendant militaire, interrogé par l'empereur sur le service des approvisionnements, ne lui avait-il pas répondu : « Sire, je n'ai qu'une crainte, c'est que nos soldats meurent de pléthore, tant il y a d'approvisionnements en route. Deux mille voitures franchissent nuit et jour le Mont Cenis. »

Le capitaine Brady ne devait pas affirmer que sa valeur au cours de la campagne. Comme chez plusieurs des officiers qui s'y distinguèrent ; comme chez le marquis de Massa dont nous avons parlé ; comme chez le comte d'Hérisson, une âme de soldat s'alliait à la culture de l'esprit, à l'érudition d'écrivains de talent. Le capitaine Brady, dans son journal de la guerre d'Italie, a donné d'intéressants détails que le comte d'Hérisson a transmis dans un de ses livres, étant lui-même au nombre de ces jeunes gens gâtés par la fortune et qui semblent dans la vie ordinaire ne pouvoir subsister que de camaraderie. Vienne une guerre, les voilà électrisés, empoignés par les choses militaires, s'enflammant pour les idées plus que pour les intérêts, faisant spécialement de la campagne d'Italie, par leur brio, leur vaillance, une des plus populaires de l'histoire de France.

CHAPITRE XX

PREMIERS ENGAGEMENTS. — MAGENTA.

Parti dans l'après-midi du 10 mai, accompagné de l'impératrice qui prit congé de lui à Montereau, Napoléon III vit le trajet de la Bastille à la gare de Lyon prendre un tour triomphal. La foule, se précipitant sur la voiture, en détela les chevaux et la traîna jusqu'au seuil de la salle d'attente, où les évêques appelèrent sur les souverains et sur l'armée les bénédictions du ciel, ne prévoyant guère que l'accomplissement de leurs vœux menacerait le pouvoir temporel du pape et que le Piémont, maintenant allié de la France, et plus tard ami de la Prusse, profiterait des victoires allemandes pour s'établir à Rome.

L'empereur ne s'arrêta à Marseille que le temps de porter présence aux galas que la ville lui offrait, gagna Gênes et alla prendre à Alexandrie son quartier général ; couvert par les corps de Niel, de Baraguay-d'Hilliers et par l'armée sarde réunie à Casale.

Groupés dans le carré formé par le Tessin, la Sézia, les Alpes et le Pô, les Autrichiens, négligeant d'attaquer l'armée sarde avant l'arrivée des Français, ne laissaient rien discerner du plan de Bénédek ; ce qui fit dire que ce général n'en avait point.

Disposée, d'autre part, dans la plaine de Marengo, l'armée française se prépara à prendre l'offensive.

La guerre d'Italie va donc battre son plein et Paris en attend fiévreusement les nouvelles. Ce sera, le 21 mai, l'engagement de Montebello. Glorieusement entraînés par Maurice de Sonnaz, les escadrons sardes y combattent avec éclat à côté de la division française du général Forey. Le 31 mai suivant, ce sera la journée de Palestro. L'armée sarde y est secondée par les zouaves, qui culbutent les Autrichiens et leur prennent leurs canons.

Le corps des zouaves, créé par Lamoricière, sera proclamé « l'irrésistible » par Victor-Emmanuel. Ce prince s'est lui-même jeté dans la mêlée, s'aventurant aux avant-postes comme un simple sous-lieutenant, chargeant comme un zouave et faisant à ce point l'admiration de ces derniers que, le soir même, de Palestro, — comme nous l'avons dit, — une délégation de caporaux viendra lui remettre les galons de « caporal d'honneur » du 3me zouaves.

L'action avait été si chaude, et le roi s'était si vivement engagé, que le général Trochu estima urgent d'intervenir, prit à travers champs, arrêté en chemin par le maréchal Canrobert, pendant que le roi dont la situation était devenue critique réclamait du renfort. Canrobert l'envoya, aussitôt prévenu, mais le contre-ordre donné au général Trochu, ces allées et venues avaient fait perdre du temps et les troupes de secours n'atteignirent pas l'ennemi, le roi, entre-temps, ayant réussi à se dégager.

Le combat était fini, la journée était remportée, mais non sans laisser après elle des récriminations; les forces envoyées par Canrobert au secours du roi ayant fort mal pris leur parti de s'être approchées de l'ennemi sans pouvoir lui tomber dessus.

De sourds mécontentements avaient marqué aussi le combat de Montebello; non, cette fois-là, à propos de Canrobert, mais au sujet du maréchal Baraguay-d'Hilliers auquel le général Forey avait désobéi en attaquant les Autrichiens.

Bazaine, informé que Forey était aux prises avec l'ennemi, voulait aller à lui; Baraguay-d'Hilliers s'y opposa : « Vous êtes ma réserve, lui dit-il, je vous défends de bouger. »

Inquiet, très contrarié, le général Bazaine insista si vivement qu'il obtint de partir avec le régiment du 1er zouaves, mais à condition de ne pas dépasser Voghéra où Bazaine, en conséquence de cet ordre formel, se vit contraint de faire former les faisceaux sur le champ de manœuvres de cette place.

Mécontents d'être tenus à six kilomètres du lieu

où l'action était engagée, les soldats allèrent jusqu'à soupçonner Bazaine de l'avoir fait exprès.

Le général Forey, bien que victorieux à Montebello, se plaignait de n'avoir pu, n'ayant pas été appuyé, tirer de son succès tout le parti espéré. Il ne le cacha pas, et la visite de l'empereur qui voulut, le 21 mai, revoir le champ de bataille de la veille, fut comme l'épilogue de l'incident.

Les soldats de Bazaine s'occupaient à ramasser les morts quand l'empereur parut. Accourant au-devant de lui, Bazaine en fut bien accueilli, mais resta silencieux devant le regret exprimé par le souverain de ce qu'il n'ait pas été possible de se porter à temps auprès du général Forey. Baraguay d'Hilliers étant présent, c'était à lui de parler et Bazaine attendait qu'il le fasse, mais le maréchal gardant le silence, Bazaine expliqua que s'il n'avait pas dépassé Voghéra, c'était ensuite de l'ordre qu'il en avait reçu.

Se tournant vivement vers Baraguay-d'Hilliers, l'empereur apprit de lui qu'en effet Bazaine n'avait fait qu'obéir.

Cela ne devait pas mettre du liant entre ce dernier et le maréchal.

Napoléon III, au lendemain de Palestro, avait gagné Novare et concentré ses forces aux environs dans l'éventualité d'une attaque de l'ennemi. Ne voyant rien venir, il fit jeter les ponts sur le Tessin; bientôt franchi par ses troupes, pendant que Mac-Mahon rencontrait les Autrichiens à Turbigo et remportait sur eux dans une lutte opiniâtre la sanglante journée de Magenta.

Leur résistance désespérée avait, un instant, exposé les forces de Mac-Mahon, qui ne le cacha pas. « Je me suis trouvé, dit-il au capitaine Brady, dans une position assez critique à un certain moment de la journée. »

« Tout est bien qui finit bien, ajoutaient les officiers, mais..... »

D'où provenaient, en outre de la valeur et de la belle tenue des Autrichiens, l'aveu des risques courus, le souci exprimé plusieurs fois par les meilleurs officiers de ce qui aurait pu être.

De l'insuffisance des éclaireurs, répond d'Hérisson. « Jamais armée ne fut plus mal éclairée que celle de la France pendant la guerre d'Italie. On ne savait jamais où était l'ennemi. »

Les informations, en effet, sur ce que faisait Giulay, le général autrichien, manquaient de clarté. Et puis, qu'était devenu Napoléon III ? Etait-il encore à Novare ? On se le démandait quand le bruit courut qu'il était resté seul, à pied, devant la maisonnette d'un des gardes du pont ; les nombreux officiers attachés à sa personne ayant été envoyés au même moment dans toutes les directions.

Hérisson va peut-être un peu loin en n'attribuant le succès de la meurtrière journée de Magenta « qu'à d'heureux hasards, où le talent militaire des chefs n'entrait pour rien. »

Le 4 juin, à onze heures et demie du soir, l'empereur qui s'était jeté tout habillé sur une couchette de cabaret apprit le gain de la bataille engagée entre 54,000 alliés et 58.000 Autrichiens. Faisant aussitôt appeler ses télégraphistes, il envoya à l'impératrice le télégramme qui mit Paris en mouvement dans la matinée du 5.

De bonne heure, ce matin-là, Victor-Emmanuel, qu'on ne savait où aller prendre, que l'empereur fit chercher et qu'on trouva dans un moulin couché sur le lit du meunier, fut reçu sans effusion au quartier général du souverain français et ne put que s'incliner devant le regret exprimé par l'empereur sur l'inaction de l'armée sarde dans le combat de la veille.

Tout l'honneur en revenait au corps de Mac-Mahon qui, le lendemain matin, 6 juin, vint défiler devant l'empereur, justement fier de la gloire de ses armes.

Descendu de cheval, Mac-Mahon s'était précipité au-devant de Napoléon III, qui lui dit : « Je vous remercie de ce que vous avez fait. Je vous nomme duc de Magenta et maréchal de France. »

Campés à Novare pendant que se livrait à Magenta, le 4 juin, la bataille dont le bruit lointain du canon fut seul à leur faire connaître l'importance, les Guides qui allaient charger à Solférino et ne mettre pied à terre qu'à six heures du soir, avaient aperçu en débouchant du pont de San-Martino, après une silencieuse marche de nuit, au matin du 5 juin, les longues files de prisonniers autrichiens emmenés par leurs vainqueurs. Un instant après, ils voyaient l'empereur sortir de l'auberge où il avait passé la nuit et visiter lentement le champ de bataille de Magenta. Une douleur profonde se peignait sur son visage. Quelques blessés sur lesquels il se penchait tristement relevaient la tête en le reconnaissant, cherchaient à le rassurer sur leur état. « Ce ne sera rien, disaient-ils. On en reviendra quand même, pour recommencer. » Les brancardiers s'étant rangés pour laisser passer une voiture où reposaient deux corps sous leurs manteaux, l'empereur s'approcha, souleva ce drap funèbre et le replaça aussitôt. Ces corps étaient ceux du général Espinasse et de son officier d'ordonnance, le sous-lieutenant Froidefont, tombés à l'attaque d'une des dernières maisons de Magenta.

Se trouvant plus loin près d'un groupe d'officiers autrichiens, l'empereur leur dit en allemand la sympathie que leur valeur lui avait inspirée et donna l'ordre de les traiter non en prisonniers, mais en frères d'armes. Recommandation qui répondait si bien à nos propres sentiments, écrit M. de Massa, venu de Novare avec ses Guides et témoin de ces émouvantes rencontres.

CHAPITRE XXI

ENTRÉE A MILAN. — MÉLÉGNANO. — PREMIÈRE RÉGENCE DE L'IMPÉRATRICE. — LE PRINCE JÉROME.

Ensuite des défaites successives essuyées par eux, malgré leur courage, leur endurance, les Autrichiens s'étaient retirés au delà de Milan, suivis de près dans dans leur retraite par Baraguay-d'Hilliers et Mac-Mahon, la division Bazaine en tête.

Atteints à Marignan, ils subirent là un échec qu'ils firent payer cher au 3me zouaves. Pendant que leur sang coulait non loin de Milan, les souverains alliés auxquels la journée du 4 juin avait ouvert les portes de cette ville, y faisaient à travers les flots d'une mer humaine une entrée mémorable.

Dès le matin la garde impériale, musique en tête, enseignes déployées, s'était massée sur la place d'armes. Les hauts bonnets à poil des grenadiers qui avaient fait tant de besogne à Magenta, fixaient tous les regards. Les femmes, s'affolant, tiraient les fleurs de leurs corsages, de leurs cheveux, pour en orner les armes et les uniformes de leurs libérateurs. « Si tous les Français sont comme ceux-ci, disaient-elles, leurs victoires s'expliquent. » Et les lorgnettes de se braquer, et la pluie de fleurs de sévir.

Un succès personnel marqua l'apparition de Reverchon, tambour-major de la garde de Paris, superbe d'allure et de taille, haut de près de deux mètres. D'autres colosses ne passèrent pas inaperçus, jetant un visible émoi aux balcons, aux croisées. « Ah! on nous fit fête, disait Reverchon, fier de rappeler qu'il avait été un des premiers à franchir les portes de Milan. Figurez-vous que les dames de l'aristocratie venaient essuyer avec leurs mouchoirs parfumés nos visages hâlés au soleil d'Afrique. On nous pressait de questions sur l'affaire de Magenta. On nous comblait de cigares Cavour longs comme ça. »

Devant le front de ses hommes, se détachait la silhouette d'un général que nous avions suivi avec intérêt dans les salons officiels; silhouette au mâle profil, celle du général Mellinet. La balle qui avait perforé une de ses joues au siège de Sébastopol y laissait une cavité profonde.

Pendant que grondait le canon de Marignan, le cortège des souverains alliés et de leurs états-majors, dont faisait partie comme officier d'ordonnance du général Lamarmora le duc de Chartres, frère du comte de Paris, déployait dans les rues de Milan ses fulgurants replis.

Le lendemain, 9 juin, sous le bleu profond du ciel, dans cet air matinal d'Italie, lumineux comme le sont là tant d'esprits distingués, Victor-Emmanuel et Napoléon III se rendirent au Te Deum célébré dans la cathédrale à travers des rues tendues de tapis et de guirlandes de feuillages. De blancs pétales de fleurs de gardénias couvraient le sol. En fête tout le jour, Milan se précipita, le soir, au Corso illuminé.

En saluant en la personne de Victor-Emmanuel celui qu'ils pouvaient enfin appeler leur roi, les Milanais criaient à Napoléon III une reconnaissance qui ne fut pas éternelle.

Une statue équestre, colossale, devait être élevée au libérateur de l'Italie sur une des belles places de Milan; elle fut réussie, travaillée avec le plus grand soin, rendant exactement, dans l'attitude de son entrée à Milan, l'expression, le geste, le salut du souverain français. D'autres temps survinrent, et les sentiments n'étant plus les mêmes, la statue ne fut pas érigée.

Ce n'est pas sans la mélancolie qui s'attache aux sombres retours de la fortune humaine que les visiteurs purent la voir reléguée sur un bâti de briques, verdie par l'humidité, dans le silence d'une cour abandonnée.

Qu'il semblait oublié le souvenir lointain de l'entrée à Milan et du *Te Deum* célébré le lendemain, 9 juin !

A ce même jour, pendant que le cortège des souverains se dirigeait vers le Dôme, le général Baraguay-d'Hilliers, avec sa fougue ordinaire, et dans l'emportement d'une attaque furieuse, électrisait ses hommes par son exemple et les lançait tête baissée sur le village de Mélégnano.

Barricadé, crénelé, superbement défendu par les Autrichiens, Mélégnano pouvait être cerné, mais Baraguay-d'Hilliers trouva que ce serait plus vite fait de le prendre d'assaut. Son impétuosité en cette brillante affaire lui a été reprochée, le résultat n'ayant pas été à la hauteur du sacrifice, et aussi parce qu'une brigade autrichienne avait réussi à s'échapper.

Avant de quitter Milan, Napoléon III avait chargé un de ses officiers d'ordonnance, le commandant Schmitz, nommé lieutenant-colonel à cette occasion, d'aller porter à l'impératrice, les drapeaux pris à Magenta.

Elle avait quitté les Tuileries pour le château de St-Cloud, n'y recevant pas, y vivant des dépêches reçues et de celles à envoyer ; absorbée par les nouvelles d'Italie, avide d'informations sur tout ce qui pouvait mettre en relief la personne de l'empereur et l'endurance des troupes.

C'est à partir de cette première régence que l'impératrice, mêlée par la présidence du Conseil et par les incessantes dépêches du quartier général au mouvement politique et militaire de cette glorieuse époque, prit le sens et le goût des affaires. Elle savait écouter, observer; et bien que la vivacité de ses sentiments, son impressionnabilité aient pu faire parfois tort à sa clairvoyance, elle intervint en plus d'une occasion délicate avec un tact sûr et d'une façon spirituellement conciliante. Préoccupée de prévenir les froissements, de rapprocher les caractères, elle recommandait aux personnes de son entourage comme à ceux des ministres qui pensaient n'avoir plus la confiance de l'empereur de se méfier des lettres, de parler au lieu d'écrire. Les explications verbales, mandait-elle à l'un d'eux le 29 août 1859, ont un grand avantage sur les lettres. « Un mot trop vif est vite effacé si on en voit l'effet; mais un papier ne peut que rendre l'idée sans le sourire qui vient atténuer sa crudité. C'est alors à nous, femmes, à tâcher d'adoucir au lieu d'exciter. »

Le prince Jérôme, dont la belle colère, à ce qu'on affirmait, avait fait retentir les échos du Palais-Royal à propos des attributions de pouvoir réclamées par la future régente avant le départ de l'empereur pour l'armée, n'avait pas tardé à faire taire un instant de froissement pour rendre hommage à la vérité.

L'intention de Napoléon III était d'abord de confier à l'ancien roi de Westphalie le commandement des troupes qui resteraient en France, puis il y renonça sur le désir de l'impératrice qui ne se serait pas souciée d'une régence désarmée et aurait prévu avec quelque raison des conflits de pouvoir entre les Tuileries et le Palais-Royal.

Bien qu'au regret de peiner un vieil oncle qu'il entourait d'une affectueuse déférence, l'empereur se rendit aux raisons qui lui étaient données.

Le billet suivant du prince Jérôme, daté du 16 mai 1859, lui fait honneur, vu les circonstances :

« Ce n'est pas pour vous parler d'affaires, écrit-il à l'empereur, que je vous écris aujourd'hui, mais pour vous parler de l'impératrice-régente, qui montre dans tous les instants et sur toutes les questions un jugement éclairé, solide et noblement français. »

L'ancien roi de Westphalie, vétéran de l'épopée napoléonienne, seul frère survivant de Napoléon Ier, était apprécié par tous sous le second Empire. Ses deux femmes l'avaient tendrement aimé. Divorcé de la première, Elisa Patterson, sur l'ordre de son frère et marié par lui à la princesse Catherine, fille du roi de Wurtemberg, il eut l'attachement dévoué d'une princesse que cette union par ordre devait rendre très heureuse.

« Forcée par la politique, écrit-elle, de m'unir au

roi, mon époux, le sort a voulu que je me trouvasse la femme la plus heureuse qui pût exister; et je porte à mon mari tous les sentiments réunis : amour, tendresse, estime. »

Bien que sympathique à chacun, on rappelait volontiers les prodigalités, les frasques de jeunesse de l'amusant officier de marine qu'avait été le futur roi de Westphalie, refusant de prendre la mer tant que ses dettes ne seraient pas payées ; puis s'empressant d'en faire d'autres afin d'avoir un prétexte pour ne pas s'embarquer.

Plus à son affaire comme roi que comme officier de marine, le prince Jérôme présida consciencieusement aux courtes destinées du royaume de Westphalie que son frère venait d'improviser pour lui, avec Cassel pour résidence, par décret du 8 juillet 1807.

L'empereur trouva même qu'il exagérait ses devoirs et qu'une question de pressurage demandait plus de souplesse. Ne fallait-il pas, en effet, remplir les caisses de l'Empire, subvenir à l'entretien de ses armées? N'était-ce pas pour cela que l'empereur avait distribué à ses frères et sœurs tout un lot de couronnes? Mais Jérôme refusait de comprendre, sans oublier ce qu'il devait à son frère, entendait gouverner, non en proconsul, mais en souverain, le pays qui l'avait accueilli, s'efforçant d'en ménager les finances et les contingents.

Il y eut là un malentendu qui sépara les deux frères, indisposa les Westphaliens et finit par rendre impossible au nouveau roi le séjour de Cassel.

Aux Cent-Jours, à Waterloo, Jérôme fit ses preuves; l'empereur releva sa valeur et sa fidélité. « Mon frère, lui dit-il, je vous connais trop tard. »

CHAPITRE XXII

LA NOUVELLE DE SOLFÉRINO A SAINT-CLOUD ET A PARIS.

Depuis la victoire de Magenta, l'entrée des souverains à Milan, les combats de Marignan et de Mélégnano, les nouvelles fébrilement attendues au château de St-Cloud s'y faisaient plus rares et moins sensationnelles, quand vers le 15 juin, à la veille de Solférino, une audience sollicitée par le nonce du pape vint assombrir la régente et lui gâter sa joie des succès obtenus.

« Votre Majesté m'assure, lui dit le nonce, que le prince Napoléon, actuellement en Toscane, ne touchera pas aux Etats romains, mais pendant que votre ministre à Paris donne cette assurance à Rome, le pape a la certitude qu'on distribue des armes à Bologne, qu'on y surexcite les populations. Si cet état de choses ne changeait pas, je recevrais l'ordre de quitter Paris. »

Alarmée d'une éventualité qui porterait au delà des frontières de la Toscane l'intervention des armes françaises, l'impératrice télégraphia sa surprise au quartier général, ne fut pas rassurée par la réponse et aurait alors, assure-t-on, prévenu son mari qu'elle pensait à aller le rejoindre pour quelques heures aux fins de s'entendre avec lui sur une question qui la troublait beaucoup. Par télégramme chiffré, l'empereur se serait formellement opposé à un déplacement auquel la régente n'aurait renoncé qu'avec peine.

Ayant fait appeler le comte Walewski, ministre des Affaires étrangères : « Nous voici en Toscane, lui dit-elle, et on veut révolutionner les Etats du pape. Où s'arrêtera la convoitise de la maison de Savoie ? »

« L'Apennin, répondit le ministre, est une barrière que nous ne laisserons pas franchir. Jamais la maison de Savoie n'aura la Toscane après la guerre. »

La régente, qui redoutait pour l'empereur l'action du roi Victor-Emmanuel et les agissements en Toscane du prince Napoléon, voyait surgir la question romaine et ne crut pas à ce « jamais, » pressentant la difficulté qu'il y aurait pour son mari à se dégager de la pression des événements et de celle des Italiens.

Ces événements, elle en ressentait l'orgueil et le souci, en attendait d'autres de jour en jour, plus graves, plus décisifs encore.

L'empereur, accélérant sa marche, avait passé

l'Adda, l'Oglio, et se dirigeait à travers un pays saccagé vers les hauteurs de Castiglione occupées, croyait-on, par l'armée autrichienne renforcée de nombreux contingents. On assurait en outre que Giulay n'était plus à la tête de cette armée et que l'empereur François-Joseph en avait pris le commandement suprême.

Arrivées sur la Chiesa, les troupes françaises n'aperçurent pas, ainsi qu'elles y comptaient, l'adversaire en face d'elles; l'empereur télégraphia à la régente que la bataille cherchée étant remise, il allait reprendre sa marche en avant et que la lutte ne s'engagerait qu'au delà du Mincio, sur les positions de Castel-Novo, très probablement.

Ce télégramme, qui ne fut suivi d'aucun autre, jeta l'agitation dans le château de St-Cloud.

Prise de fièvre, énervée par l'attente, la régente avait peine à se maîtriser.

Aucune nouvelle le 22 juin.

Rien non plus les 23 et 24.

Enfin, le 25, à trois heures du matin, arriva la dépêche, datée de Cavriana, qui annonçait Solférino: cette journée de gloire et de sang, où 350,000 hommes se heurtèrent furieusement de trois heures du matin à neuf heures du soir. Lutte mémorable, remportée par les armes françaises sur un robuste et tenace ennemi, dans un ouragan de mitraille et de poussière aveuglante, de feuilles et de branchages arrachés aux arbres par les éclats d'obus, par les pierres tombées des murs qui s'écroulent, par les tuiles qui dégringolent des toits défoncés.

Mais on ne pensa d'abord qu'à la victoire au château de St-Cloud.

« Quelle joie! disait la régente, pour le pays, pour l'empereur. J'aimerais mieux le savoir mort qu'amoindri. »

Dépêchant à Paris le lieutenant-colonel Schmitz, elle le chargea d'aller prévenir les membres de la famille du souverain et de s'entendre avec le ministre de l'Intérieur.

Paris, qui n'avait accueilli qu'avec réserve, puis avec une sorte de résignation la déclaration de la guerre, s'était vite ressaisi, se découvrant pour les choses d'Italie des sympathies inattendues. Dès les premiers bulletins, l'élan s'était fait irrésistible. Ces engagements victorieux, ces prodiges d'endurance et d'intrépidité agissaient sur les imaginations enivrées de gloire militaire. On prit goût à ces jeux de la force. Ce bruit continuel de batailles en donna la fièvre, et quand fut annoncé le *Te Deum* qui allait être célébré à Notre-Dame en présence de la régente, et qui fut pour elle un succès personnel, il devint évident que tout un peuple en liesse prendrait sa part de la journée de Solférino.

Ravissante sous le chapeau de paille d'Italie garni de rubans tricolores qui encadrait son visage, elle fit sur son passage une impression de charme et de grâce qui électrisa la foule. Le petit prince était dans la voiture, bien que l'empereur eût recommandé à l'impératrice de ne pas le prendre avec elle, par mesure de prudence.

Sa sollicitude paternelle était extrême; tout lui faisait peur pour le « petit, » avec lequel il jouait très souvent, lui confectionnant des jouets, assis par terre à côté de lui, la scie et le marteau à la main. Aussi l'enfant avait-il beaucoup pleuré au départ de son père, ce que celui-ci n'apprit pas à Gênes sans émotion.

La joyeuse agitation qui avait mis sur pied la population parisienne le jour du *Te Deum*, se prolongea une partie de la nuit; et la régente, curieuse de s'y mêler, sortit à pied, par le jardin des Tuileries, vers dix heures, au bras du duc de Bassano, avec deux dames et le lieutenant-colonel Schmitz; elle parcourut sans être reconnue l'avenue des Champs-Elysées.

Rentrée à St-Cloud, elle n'a de pensées que pour les dépêches qui vont suivre, et bientôt se succèdent, expliquant la situation, donnant des détails.

Ainsi qu'il le lui avait mandé dans son dernier télégramme avant le 24 juin, l'empereur, poursuivant sa marche et passant Castiglione, s'était arrêté le 23 juin à Montechiaro pour y passer la nuit, pendant que l'armée sarde, ne rencontrant pas de résistance, s'avançait à cette même date jusqu'au bord de la Chiesa.

L'armée autrichienne, de son côté, retirée sur la rive droite du Mincio, à proximité du fameux quadrilatère que l'Autriche avait mis de longues années à rendre imprenable, se préparait, appuyée à cette base d'opérations, à reprendre l'offensive.

Repassant le Mincio et développant sur les hauteurs de San-Martino, sur celles de Solférino et dans la plaine de Médole les 250,000 hommes de leurs sept corps d'armée, les Autrichiens ne laissèrent pas que de causer aux troupes alliées un instant de surprise et de grave préoccupation. L'empereur cependant avait donné ses ordres de manière à répondre à toutes les éventualités; et ce qui le prouve, écrit M. de Massa, c'est le déploiement rapide des forces françaises et sardes dès le commencement de la bataille du 24 juin.

CHAPITRE XXIII

A SOLFÉRINO.

Dès l'aube de ce jour, dans la vaste plaine où blanchissaient entre autres villages ceux de Cavriana et de Solférino, quelques rares coups de fusil rompaient le silence de l'immense étendue d'où émergeait, à demi ruinée, la tour de Solférino.

A ces coups de fusil, devenus plus nourris, plus fréquents, succéda une pluie d'obus qui couvrit le sol de morts et de blessés.

La bataille commençait.

Les corps de Baraguay-d'Hilliers, de Mac-Mahon, de Niel, de Canrobert, occupaient sur une ligne de près de cinq lieues les positions désignées par l'empereur. Accouru lui-même, entouré de son état-major et du brillant escadron des Cent-Gardes, on le vit gagner au galop, dans une étincelante vision d'armes et d'uniformes, une des hauteurs sur lesquelles il allait se tenir une partie de la journée; aperçu de l'ennemi, exposé à leurs balles. Mâchonnant quelques brins d'herbe, il sondait à l'aide de sa lorgnette l'action qui s'engageait. Sa silhouette se détachait sur le bleu du ciel, dominant le champ de bataille que dévorait un soleil de feu, où les 2me et 4me corps sous les ordres de Mac-Mahon et du général Niel, formés en carrés, écraseront les régiments de cavalerie autrichienne lancés contre eux.

Niel, qui livrera bataille presque toute la journée, se couvre de gloire et sera fait maréchal.

Le village de Solférino est attaqué par le 1er corps. On distingue, mêlée au crépitement des balles, la voix de l'empereur qui donne l'ordre d'appuyer la division Forey par une brigade des voltigeurs de la garde.

C'est pour beaucoup le rayonnement des récompenses futures; c'est pour d'autres un arrêt de mort.

La division défile devant le souverain qui leur sourit et qu'ils acclament. Puis, gravissant sous le double feu de la mitraille et du soleil les escarpements rocheux que surplombe la tour de Solférino, s'accrochant des pieds et des mains aux pierres, aux buissons, les voltigeurs visent le but avec un entrain qui ne faiblit pas, bien qu'il ne soit plus stimulé par la musique ou le clairon. Les flûtes, les clarinettes sont rentrées dans les poches, les ophicléides s'effondrent, la grosse caisse fait peine à voir. D'Hérisson, qui le remarque, tombe lourdement, blessé au bras et à la jambe. « Malheur! crie-t-on autour de lui, le capitaine est mort. « Pas encore ! » riposte ce dernier, qui se relève et reprend son escalade.

Avant-coureur du vent qui bientôt souffle en tempête, de la tourmente qui va se déchaîner et d'une pluie diluvienne, la chaleur est torride ; mais la victoire est prochaine. Elle a précédé l'orage, aussi sanglante sur les hauteurs de Cavriana que sur celles de Solférino, remportée à Cavriana par les tirailleurs et à la tour de Solférino par les voltigeurs de la garde ; elle est saluée par les éclats du tonnerre, les mugissements de l'ouragan qui soulève des tourbillons de poussière et fait presque la nuit sur le champ de bataille. Quand l'orage se dissipe et que le soleil brille, les vainqueurs aperçoivent descendant la colline, se précipitant en désordre vers le Mincio, les colonnes autrichiennes.

On croit reconnaître l'empereur François-Joseph, resté un des derniers sur le terrain disputé si chèrement.

A ce moment même Napoléon III, voulant juger de l'effet produit par le feu de la batterie de la garde commandée par le colonel de Berkheim, arrive au galop sur la dernière crête conquise par cette batterie dont le tir précipite la déroute des Autrichiens ; il s'aperçoit du péril auquel François-Joseph est exposé, ordonne de cesser le feu, considérant qu'aucun retour offensif n'est plus à craindre.

Le prince Murat, témoin du fait, l'a rapporté à M. de Massa.

Napoléon III ne s'est pas ménagé davantage que le souverain d'Autriche. Des hauteurs occupées successivement par lui, il a surveillé tout le jour les mouvements des corps d'armée qu'il a en main. Bien reliés ensemble par la garde impériale, ces corps ont donné à l'heure voulue, mais avec plus d'ardeur que de tactique, ce que plusieurs chefs leur ont reproché dès lors.

Napoléon III a perdu une de ses épaulettes, emportée par une balle. Près de lui, le docteur Larrey a eu ses deux chevaux blessés.

« Pourquoi l'empereur s'est-il toujours tenu sur des positions aussi découvertes? demandera plus tard au général Fleury le prince de Hesse-Darmstadt lors de son entrevue avec le général avant les préliminaires du traité de Villafranca. Nous l'apercevions distinctement pendant toute la durée de la bataille. Une batterie et une compagnie de chasseurs tyroliens ont été spécialement chargées de tirer sur lui et sur son état-major. »

« Nous nous en sommes aperçus, » répondit le général Fleury.

A plus d'une reprise au cours de cette journée, le 4me corps avait plié devant les attaques de l'ennemi sans que Canrobert, lié par les ordres de l'empereur, ait pu porter secours à Niel. De là, entre les deux maréchaux, un conflit dont Niel prit dès le lendemain, à la table du souverain, la responsabilité.

Vaincues cependant dans leur suprême effort, les colonnes autrichiennes s'étaient précipitées vers le Mincio, encombrant les berges, se disputant les ponts, sourdes à la voix de leurs chefs, dans la confusion des rangs rompus et des numéros de régiments, ne laissant dans la plaine qu'une division dont rien n'avait pu lasser l'indomptable énergie. Prête à se battre encore, cette division se disposait à soutenir le choc, quand Napoléon III, ordonna d'arrêter la poursuite et de limiter l'action des troupes françaises à la possession du champ de bataille.

Cet acte de modération, qui exaspéra le roi Victor-Emmanuel, ne fut pas compris de tous.

Pressé par un certain nombre de généraux de ne pas immobiliser les troupes avant le dénouement de la bataille engagée; dénouement qui devait être l'écrasement des Autrichiens en retraite, canonnés par l'artillerie, poursuivis par la cavalerie, acculés au Mincio.

« Non, répondit l'empereur. La journée est terminée. »

Journée glorieuse et décisive, mais journée d'extermination, d'effroyables tueries, dans un pêle-mêle d'égorgements, dans une suite incessante d'agonies et de râles.

Pendant près de quinze heures, trois cent mille hommes aux prises se ruèrent au carnage, disputant pied à pied un village, une tour, une église, un mamelon, s'éventrant à coups de sabre, s'assommant à coups de crosse, se déchirant avec les ongles, les dents, dans une frénésie de massacres.

Les instincts féroces qui sommeillent au fond de la nature humaine s'étaient vite éveillés à ces scènes d'abattoirs, dans ce long emportement de cruautés. Des paysans lombards dépouillaient les cadavres, des soldats croates achevaient les blessés, des tirailleurs algériens en faisaient autant pour venger leurs camarades.

Aussi, sur le pâle visage de Napoléon III, aucune lueur d'orgueil ou de joie. Trop de cris d'angoisse et de douleur, trop de gémissements, trop de plaintes déchirantes étaient montés vers lui. Il avait vu tomber dans un ouragan de projectiles trop de mourants, trop de mutilés, pour ne pas reculer devant la responsabilité terrible d'imposer à ses troupes, comme à celles meurtries d'un souverain malheureux, de nouvelles immolations.

Sa visite du lendemain matin au champ de bataille ne dut pas lui faire regretter la résolution prise; car ce fut là un spectacle torturant de hideuse atrocité.

Piétinés par les chevaux, écrasés par les canons

qui avaient roulé sur eux, les cadavres s'amoncelaient dans les fossés, les ravins; il fallut plusieurs jours pour les enterrer. Trois semaines après on en retrouvait encore dans les vignes.

Que de malheureux étaient restés là, abandonnés, grelottant de fièvre, tourmentés par la soif, assistant vivants à la décomposition de leur corps envahi par les vers, assaillis par des mouches qu'ils n'avaient plus la force d'écarter.

D'autres avaient été secourus mais après de longues heures, une journée, deux journées d'attente.

Pourquoi tant de morts lentes et de secours tardifs?

C'est que partout, dans les endroits écartés, les fossés, les vignes, dans les villages, les églises, les couvents, dans les cours des maisons, sur quelques tas de paille hâtivement jetés dans les rues, râlaient, gémissaient d'innombrables blessés. C'est qu'il n'y avait ni assez de chirurgiens, ni assez d'infirmiers, ni assez d'ambulances. C'est qu'il n'y avait pour panser, pour opérer, que 132 médecins à bout de forces. Ce sont les docteurs Larrey et Chenu qui ont donné ce chiffre.

Parcourant avec eux le champ de bataille de Solférino, le soir du 24 juin, puis le lendemain matin, — un de ces lendemains de victoires plus sinistres encore que le combat de la veille, — Henri

Dunant, un Suisse, fut témoin de l'hécatombe. Quarante mille morts gisaient là, plus heureux que tant d'autres, malades, mourants, blessés dont les appels, les plaintes, les hurlements de douleur rompaient le silence tragique de la plaine endormie. Se soulevant avec peine, tendant les mains, ils réclamaient du secours, demandaient à boire.

Penché sur eux, Henri Dunant leur parla, cherchant par quelques mots à ranimer leurs forces, aidant bientôt à les relever, à leur donner des soins, à les transporter aux ambulances à travers l'immense charnier. Il fallut enjamber des amoncellements de cadavres, des entassements de soldats ennemis tombés les uns sur les autres dans l'acharnement, la rage d'un furieux corps à corps.

Aux ambulances, où les chirurgiens surmenés, préoccupés de faire vite, sondaient les blessures, fouillaient les plaies, tranchaient dans le vif, amputaient hâtivement, sourds aux supplications, aux cris, Henri Dunant n'entendit pas sans frémir grincer sous la scie les os des opérés. Ce qu'il vit là, ce qu'il venait de voir ailleurs, les tortures nécessaires subies dans ces hangars transformés en boucheries, ce pêle-mêle de blessés sans secours, les spectres hideux de ces soldats morts en s'entre-déchirant, le bouleversèrent, mais il resta maître de lui ; sa résolution était prise. Des émotions pareilles, de telles sensations d'horreur ne seraient pas stériles ; il les ferait partager au maréchal de Mac-Mahon, en obtiendrait une audience.

Peu de jours après l'empereur, informé, ordonnait la mise en liberté sans conditions de trois médecins autrichiens faits prisonniers.

C'était là un premier pas vers cette croisade miséricordieuse, vers cette mobilisation humanitaire qui allaient conduire par l'organisation des comités de secours à l'entente internationale d'où la consolante institution de la Croix-Rouge est sortie en vertu de la Convention de Genève. Henri Dunant en a fixé, formulé les lois, sauvegardant dans la mesure du possible le service des blessés, les franchises des ambulances, des hôpitaux, des médecins, des infirmiers, devenus personnes neutres dans leurs immunités.

Cela n'alla pas tout seul. Il se leva pour toiser Dunant, — un rêveur, — plus d'un contradicteur. « Qu'est-ce que ces civils, mâchonna le maréchal Randon, ont besoin de se mêler de ce qui ne les regarde pas ! »

Mais Dunant établit en paroles émouvantes que cela le regardait. Il commença par écrire ce qu'il avait vu, ce qu'il avait ressenti, et son récit impressionna le monde civilisé. On comprit en le lisant que s'il peut y avoir quelque chose de grand dans la mise en mouvement des forces militaires, il en résulte quelque chose de terrible, de poignant, que les suites dont des milliers de malheureux souffriront toute leur vie, en sont irréparables, qu'il y a là d'épouvantables ravages, d'indicibles souffrances, et que s'il n'est pas possible de les empêcher, il faut au moins chercher à les adoucir.

C'est de ce sentiment que Henri Dunant s'est inspiré en poursuivant cette œuvre de la Croix-Rouge, ensuite de laquelle celui qui ne peut plus combattre ne sera pas abandonné, mais recueilli et soigné par des neutres.

Sans se laisser arrêter par les obstacles, l'indifférence et les oppositions, il se mit en campagne, patient et résolu, se présenta dans les grandes cours de l'Europe au nom de la solidarité humaine, eut pour lui le cœur des femmes, y fut soutenu, encouragé et put voir dès lors flotter sur les champs de bataille le drapeau qui n'est pas seulement le drapeau de son pays, du nôtre, mais celui de l'universelle pitié.

CHAPITRE XXIV

ENTRE MARÉCHAUX. — A VILLAFRANCA.

Le jour baissait au soir du 24 juin, quand l'empereur, quittant le champ de bataille de Solférino et se dirigeant vers Cavriana, atteignit la maison où, la veille encore, François-Joseph avait couché.

Prenant place à une table recouverte d'un tapis vert, il y appuya son front et resta là absorbé en des pensées qu'il ne fut pas difficile à son entourage, immobile, silencieux comme lui, de deviner. Il ne se leva que lorsqu'on vint annoncer qu'il était servi. C'était le premier repas de la journée, et on le prit sans effort pendant que grondait au loin le canon de l'armée sarde engagée à San-Martino avec le corps autrichien de Bénédek.

Une partie de la journée du 25, de longues colonnes de prisonniers autrichiens traversèrent Cavriana. Sur les dalles de l'église, de nombreux officiers, tombés de fatigue et d'inanition, restaient étendus; l'empereur leur envoya des paniers de provisions joyeusement accueillis.

Le lendemain 26, il ne fut question chez les maréchaux comme entre officiers, que de la grande journée de la veille, des ordres de mouvements donnés par le souverain, des rapports parvenus ou encore à attendre des commandants de corps, de l'entrain des troupes françaises, de la belle résistance de l'armée autrichienne.

Chez l'empereur, le déjeuner de ce jour-là fut mouvementé par les récriminations de Niel sur l'assistance qu'il était en droit d'attendre de Canrobert et qui n'était pas venue, alors que le 4me corps commençait à plier devant l'ennemi. Très attristé, l'empereur rompit avec sa générosité ordinaire et en prenant tout sur lui le silence désapprobateur qui s'était fait à la sortie de Niel : « J'ai eu tort, dit-il, j'aurais dû penser, prévoir, qu'en donnant à Canrobert des ordres absolus, précis, il n'oserait pas les modifier pour obéir à sa propre inspiration. »

L'intervention du souverain dans ce débat ne devait pas tout arranger.

Le capitaine Brady, chargé par Napoléon III de se rendre à Goito, où se trouvait Canrobert, le pria de rédiger un rapport détaillé sur les dispositions prises par lui dans la journée du 24, notamment sur les emplacements occupés par ses troupes sur la rive droite du Mincio. Ce rapport placé sous les ordres du souverain se trouva ne pas concorder avec celui de Niel.

On ne s'attarda pas trop sur le moment à une divergence dont Niel se montrait très offensé, mais la chose se reprit après la conclusion de la paix et la rentrée des troupes en France, s'envenimant des commentaires survenus et des articles de quelques journaux. Une rencontre dont l'effet eût été déplorable ne fut pas évitée sans peine entre les deux maréchaux.

C'est à Vareggio, en plein quadrilatère, que l'empereur, établissant son quartier général, se prépara à soutenir le retour offensif de l'armée ennemie auquel tous s'attendaient ; disposant devant Peschiéra, sous les ordres du général Frossard, le corps d'armée désigné pour faire le siège de cette place investie déjà par deux divisions sardes.

Le 6 juillet, sous trente-huit degrés de chaud, en belle ligne de bataille, impatientes de recevoir les ordres, les deux armées s'interrogeaient, quand dans un groupe d'officiers réunis devant une ferme sur la route de Vérone circula la décevante nouvelle d'un prochain armistice. On doutait encore, mais le prince Napoléon, qui venait d'arriver et sortait de chez l'empereur, avait dit à l'oreille de quelques amis : Il faut s'arrêter.

On apprit plus tard que le soir même du 24 juin, jour de Solférino, l'empereur, que nous avons vu profondément ébranlé par le spectacle de tant de souffrances et de tueries, arrêtant la poursuite de l'ennemi vaincu et déclarant la journée terminée, aurait adressé au souverain d'Autriche une lettre dont les sentiments, les termes, ne pouvaient que prédisposer ce prince à des négociations prochaines.

Ces négociations, le vainqueur les souhaitait par humanité et aussi par politique. Le comte Walewski, ministre des Affaires étrangères, lui avait télégraphié qu'il serait opportun d'occuper militairement la rive gauche du Rhin, attendu qu'il se produisait en Allemagne un mouvement à surveiller. Déjà la Diète germanique, réunie à Francfort, considérant que la Vénétie, possession autrichienne, faisait partie de la Confédération, estimait que si ce pays était menacé, il y aurait lieu d'intervenir et de mobiliser.

C'était là une éventualité que Napoléon III voulait éviter; et cela d'autant plus que les dispositions de l'Angleterre ne lui paraissaient pas plus claires que celles de l'Allemagne où des symptômes d'agitation s'étaient manifestés dès le lendemain de Magenta.

Estimant en outre que l'amoindrissement de l'Autriche dans le nord de l'Italie le dégageait des engagements pris avec le Piémont, l'empereur entendait ne pas aller plus loin afin de ne pas diminuer davantage les forces militaires de l'empereur François-Joseph.

En sus de ces vues toutes de prudence et de modération, il y eut chez Napoléon III une question de sentiment qui fut d'un grand poids, nous l'avons vû, dans sa décision d'arrêter l'effusion du sang.

Les poignantes inquiétudes traversées sur les chances de vaincre l'avaient laissé plus maître de lui que la vue des champs de bataille pendant l'action et le lendemain. Ses traits s'étaient altérés; on vit couler ses larmes. Déjà le 31 mai il écrivait à la régente : « Nous avons déjà pris dix canons et environ huit cents prisonniers. C'est un bon début. Mais quelle triste chose que de voir des blessés et des mourants! »

Cette vue, il ne se sentait plus la liberté, au soir de Solférino, de l'affronter encore.

« Tant que dure une bataille, a dit à ce propos M. de Massa, la tension d'esprit vers l'objectif à atteindre, l'exemple à donner, le souci de se défendre, empêchent de penser aux choses; mais après le succès, quand on considère de sang-froid les ruines humaines et matérielles qu'on a sous les yeux, une révolte involontaire vous saisit en présence des horreurs de la guerre. — Pour mener les chevaux boire à l'un des cours d'eau situés au nord de notre bivouac, il fallut traverser, entre Solférino et Cavriana, un pli de terrain où l'attaque et la défense avaient été les plus meurtrières. Là gisaient étendus pêle-mêle les ennemis de la veille unis maintenant,

— l'aigle impériale victorieuse et l'aigle à deux têtes vaincue. — Les chevaux hésitent à franchir tous ces cadavres. Des blessés se remettent sur leur séant, tendent les mains, demandent à boire. On leur tend une gourde. Quand on repasse, ils sont morts. Et ainsi depuis des siècles deux nations plus faites pour s'estimer que pour se haïr ont tant de fois lutté en vue de la possession de cette Lombardie dont les plaines fécondes ont été arrosées de tant de sang français. »

Telles étaient sans doute les réflexions qui se présentèrent à l'esprit de Napoléon III, ce doux et compatissant rêveur, et lui inspirèrent l'acte d'humanité dont il n'hésita plus à prendre l'initiative.

Rien cependant ne s'était ébruité avant le petit mot du prince Napoléon à l'oreille de quelques officiers. On savait vaguement qu'un courrier, venu de Vérone, s'était entretenu avec le général Fleury, qui de son côté, se serait rendu au quartier général autrichien et aurait vu le prince de Hesse-Darmstadt, plein d'admiration pour le splendide élan des troupes françaises.

Etant allé, en effet, à Vérone, le général Fleury en était revenu avec l'impression que la paix serait possible et qu'une entrevue des deux empereurs en hâterait la conclusion.

Le 11 juillet, le bruit se répandait que cette entrevue aurait lieu le lendemain, 12 juillet, à Villafranca, où Napoléon III se rendit à l'heure convenue au-devant de François-Joseph. Lui ayant tendu la main, il prit avec lui, en se plaçant à gauche, le chemin de Villafranca.

Arrivés devant la maison Morelli, préparée pour les recevoir et dans laquelle allaient se débattre de si graves intérêts, les souverains traitèrent là de vive voix, sans se servir des plumes, crayons et papiers dont la table était pourvue.

Au bout d'une heure, remontés à cheval, ils chevauchèrent quelque temps ensemble, puis se séparèrent ; Napoléon III grave, presque triste; l'empereur François-Joseph les yeux rouges, les traits altérés.

Napoléon III, après l'avoir quitté, s'était retourné vers sa suite. « La paix est faite, dit-il. Je l'aurais désirée plus productive, mais quand j'ai demandé la Vénétie, l'empereur a fondu en larmes et m'a dit : « Prenez ce que vous avez déjà, mais ne me demandez pas autre chose; mon honneur plus que mes intérêts me commande de résister. » — J'ai consenti. J'avais affaire à un galant homme. »

Galant homme, en effet, mais voué par la destinée à être frappé de tous les coups de foudre, à connaître tous les genres d'épreuves, publiques et familiales.

Aussi n'est-il pas dénué d'intérêt de s'arrêter quelques instants à la haute figure du vaincu de Solférino, qui fut aussi un vaincu de la vie, et comme Napoléon III, un des grands résignés de son époque.

CHAPITRE XXV

LE VAINCU DE SOLFÉRINO.

L'empereur François-Joseph Ier individualise en quelque sorte les catastrophes qui ont marqué les annales contemporaines et celles en particulier de la maison d'Autriche. Ces coups ont été si soudains, si continus, qu'on peut se demander s'il est quelque forme du malheur qui lui ait été épargnée.

Trahi dès son avènement par la fortune des armes dans les plaines de Hongrie, il dut accepter pour reprendre ce pays l'appui des forces russes.

Vaincu par la France à Solférino et par la Prusse à Sadowa, il dut subir deux fois la loi du vainqueur, se vit dépouillé de ses provinces italiennes et dut renoncer à l'hégémonie allemande; n'obtenant quelque compensation à ces revers qu'une fois aux prises avec les Piémontais, à Novare et à Custozza.

Aux guerres malheureuses, aux révolutions intérieures, aux luttes persistantes entre les nationalités diverses qui composent son empire, s'ajoutèrent bientôt les drames de famille, le suicide de son seul fils, l'exécution de son frère, l'empereur du Mexique, fusillé à Queretaro, la folie de sa belle-sœur, l'impératrice Charlotte, enfin l'assassinat de sa femme, l'impératrice Elisabeth, poignardée à Genève.

Debout au milieu des ruines, souple et ferme en des effondrements qui n'ont pu atteindre son prestige personnel, il laisse tomber sur cet amas de décombres ce regard un peu rêveur qui nous avait frappé dans une fête à Berlin, à l'entrée de son règne, alors que le roi Frédéric-Guillaume IV, le tenant par la main, semblait comme présenter à l'assistance un neveu dont il se montrait fier.

Qu'il était alors sympathique et charmant ce jeune empereur, avec ses yeux bleus, sa taille élancée, sa manière de se présenter digne et modeste, empreinte déjà de décision! Il savait parler aux femmes, qui toutes en raffolèrent, intéresser les hommes parce que tout l'intéressait lui-même; causant politique avec les hommes d'Etat, diplomatie avec les ambassadeurs, choses militaires avec les chefs d'armée. Hardi cavalier, chasseur adroit, les hommes de cheval, de chasse et de sports recherchaient ses entretiens, se retrouvaient en lui.

Il sortait alors des mains d'éducateurs qui l'avaient fait travailler sans relâche et auxquels la société viennoise reprochait d'avoir abusé de sa santé de fer.

Moins épris de la belle culture des arts que de science polyglotte, ces professeurs l'avaient mis à même de parler, outre le français, l'anglais et l'italien, toutes les langues des pays austro-hongrois, si bien qu'on l'entendit au cours de ses voyages toaster en hongrois, en tchèque, en roumain et en polonais. Cette facilité ajouta aux succès que lui valaient sa bonne grâce, sa juvénile crânerie dans les pays disposés le moins favorablement.

Il y eut même plus que de l'empressement et de la curiosité quand il se présenta dans son royaume lombardo-vénitien, accompagné de sa jeune femme ; mais il n'y eut là, mis en mouvement à leur apparition, que les sens et l'imagination ; les cœurs restaient à l'Italie.

L'âge est venu maintenant pour l'empereur François-Joseph, avec ses désillusions, ses multiples soucis, mais sans le déprimer, sans rien lui enlever de son besoin de travail, de son exactitude, de son activité.

Sa physionomie, grandie par l'adversité, restée sereine sous la croix au cours d'un des règnes les plus tragiques du XIXe siècle, passera à la postérité un peu comme celle d'un chevalier des temps épiques.

Son élévation même, battue par le vent d'insurrection qui soufflait en tempête, lui était venue d'une bourrasque, celle du 24 février 1848, alors que les événements de Paris et la chute du roi Louis-Philippe avaient leur contre-coup à Vienne comme à Berlin.

Réfugié à Olmutz puis à Inspruck avant de rentrer dans sa capitale et d'en ressortir bientôt après sous la pression de l'émeute, l'empereur Ferdinand — on l'appelait Ferdinand le débonnaire — indolent, maladif, occupait le trône autrichien sous le gouvernement effectif du prince de Metternich. Ne se sentant ni la volonté ni la force de résister à ce tumulte, il signa sans regrets une abdication qui fut suivie de celle de son frère, l'archiduc François-Charles, père de François-Joseph. « Adieu jeunesse ! » s'écria ce dernier en apprenant cette double renonciation.

Il entrait dans l'histoire à dix-huit ans, appelé à prendre l'épée avant de ceindre la couronne la plus compliquée de l'univers.

L'heure était grave, la tâche s'imposait immense et périlleuse.

Vienne se hérissait de barricades; un sourd mécontentement grondait en Bohême, le sang coulait en Galicie, la Pologne autrichienne s'agitait, les aspirations italiennes qu'allait chercher à étouffer le maréchal Radetzky, entraînaient le royaume lombardo-vénitien. En Hongrie, c'était la guerre sous la dictature de Kossuth qui avait en plus d'une rencontre battu les forces de l'Autriche.

Reconquérir des peuples hostiles et divisés, les ramener à soi, les garder par la contrainte ou l'apaisement par une suite de concessions insuffisantes ou contrariées, se comporter en modérateur, gouverner en dehors et au-dessus des partis, tel fut à ses débuts et dans la suite l'effort du nouveau règne.

François-Joseph, héritier d'une dynastie six fois séculaire, n'avait été préparé ni par son éducation ni par ses goûts aux expériences constitutionnelles, au mécanisme d'un régime parlementaire battu en brèche systématiquement par le parti pris de l'obstruction. Que d'alertes et de tribulations, depuis plus d'un demi-siècle, pour ce souverain que le couteau d'un assassin frappait à la nuque en 1853, et qui dès lors n'a cessé de faire face aux complications extérieures, aux discussions intestines, aux conflits de nationalités! N'y a-t-il pas les querelles de Prague, le débat germano-tchéque, le différend italo-germain ! N'y a-t-il pas surtout ce dualisme austro-hongrois qui fait de l'empire des Habsbourg où tout se concentrait entre les mains d'un seul deux monarchies distinctes avec, chacune, son ministère responsable et n'ayant plus de commun entre elles que le souverain, la diplomatie et la défense nationale. Là encore François-Joseph garda sa correction, son calme, en intervenant dans les brouilles perpétuelles du faux ménage qui s'appelle l'Autriche-Hongrie, dans les disputes non moins fréquentes entre les Slaves et les Allemands. Qu'il a fallu d'empire sur soi-même et de science du métier pour naviguer sans sombrer à travers tant d'écueils, pour prendre des chemins souvent contraires à ses idées et à ses vues, pour ne pas encourir la colère des peuples après des désastres comme Solférino et Sadowa ; pour ne pas enfin compromettre les destinées du pays en des luttes et des revendications toujours recommencées ; car l'opposition hongroise ne se contente plus maintenant du dualisme. Sous la séparation douanière qu'elle réclame, se cache la séparation des deux pays.

La robuste santé de François-Joseph lui fut d'un grand secours dans sa vie d'impérieux devoirs et de longs désenchantements, que de lumineux rayons avaient pourtant éclairée en d'autres temps.

Dans son âme en fête un doux roman d'amour avait chanté.

C'était à Ischl, au jour de son anniversaire, le 18 août 1853, à un petit bal au palais où se trouvait, avec sa mère, une jeune fille de dix-sept ans, la princesse Elisabeth de Bavière, très simple, gracieusement enjouée; un bouton de rose près de s'éclore.

Devenu songeur dès le commencement de la soirée, le jeune souverain suivait tous ses mouvements, ne cherchant plus à retenir des regards qui bientôt s'échangèrent, doucement parleurs, surtout après le bouquet offert au cotillon.

Le lendemain matin l'empereur se présentait chez la duchesse de Bavière qui ne refusa pas de l'écouter.

Alors à Ischl comme à Munich se déroula une idylle familière à laquelle la cour et la nation s'associèrent magnifiquement lors des fêtes du mariage, répondant par des ovations délirantes au sourire de la princesse, jetant à pleines mains des roses sous ses pas. Cela avait commencé à Linz, au seuil de sa nouvelle patrie; elle y était arrivée par le Danube sur un bateau changé en parterre de fleurs. Dès qu'il eut accosté au quai où l'empereur attendait, ce dernier, se hâtant d'y monter, embrassa sa fiancée sur les deux joues, devant tout le monde.

Il fut lu à deux, délicieusement, après les pompes du mariage, le beau livre de l'amour partagé, et qui durera toujours, comme en était bien sûre celle qui venait de mettre sa main dans celle d'un jeune prince de si noble tenue, chevaleresque, éperdument épris. Ne lui disait-on pas, de toutes parts, sous toutes les formes, que sa beauté à elle tenait de l'éblouissement et qu'elle régnerait à jamais sur le cœur de son époux comme sur celui de ses peuples!

Elle le crut; et l'empereur ne cessait de le lui faire entendre avec la passion persuasive de ses vingt-trois ans; mais à Vienne comme ailleurs, plus qu'ailleurs, on l'affirme, il arrive que les réalités suivent le rêve. La tendresse, paraît-il, y prend très vite un caractère inconstant, sensuel et volage.

La jeune femme en fit la découverte. S'apercevant alors que la fidélité réciproque pouvait ne pas être la base et la condition même du bonheur domestique, elle en fut froissée irrémédiablement ; humiliée aussi de la publicité de ses désillusions. Elle garda le silence, étant bien de sa race, ayant l'âme impatiente, un peu inquiète des Wittelsbach, mais ne revint plus de son trouble.

Descendue en elle-même avec la fierté, l'amertume d'une nature hautaine, d'un esprit absolu, elle n'y trouva plus que de l'indifférence.

On la jugea un peu jeune et bien sévère pour les faiblesses d'un jeune prince exposé à toutes les tentations ; on excusa ses premières révoltes ; mais bientôt il lui fut reproché de laisser sa manière de voir et de sentir s'affirmer dans un malentendu auquel il ne dépendit plus de l'empereur de mettre fin.

Ne s'est-il pas écrié, à la nouvelle du meurtre de Genève : « Le monde ne peut savoir combien nous nous sommes aimés ! »

CHAPITRE XXVI

L'IMPÉRATRICE ÉLISABETH. — L'ARCHIDUC RODOLPHE.

Désemparée, l'impératrice Elisabeth ne se réfugia pas tout de suite, comme elle le fit plus tard, dans la contemplation des forces de la nature et des beaux paysages, dans l'amour des choses de l'antiquité, dans la lecture des grands poètes. Il lui fallut d'abord le mouvement, les sensations violentes, l'ivresse de la rapidité. Devenue femme de sport, chasseresse intrépide, nageuse de première force, marcheuse infatigable, superbe amazone, elle n'aima rien tant que les chasses à courre avec des obstacles à surmonter, des fossés à franchir.

Elle a besoin, disait-on, de la cravache, de l'alpenstock et du fleuret.

Même au Prater, dans ses sorties à cheval avec l'empereur, elle impressionnait les promeneurs par l'allure vertigineuse donnée à sa monture. Sa virtuosité, son élégante crânerie charmaient les Viennois, amateurs de beaux chevaux et de belle équitation. Accourus, rangés sur son passage dès qu'ils la voyaient venir, ils vantaient le port de tête, la sûreté de l'assiette, la finesse, la légèreté de main, pendant qu'indifférente aux saluts, y répondant à peine, elle passait, tel un éclair.

Très fiers d'elle aux premières années de son mariage, les Viennois lui en voulurent beaucoup quand elle se montra de moins en moins, aussi réfractaire à l'étiquette qu'aux devoirs de la représentation, fatiguée du théâtre et des allées du Prater comme de tout ce qui tenait à la vie de cour, de tout ce qui rentrait dans ses attributions. Préoccupée, semblait-il, de ne plus se mettre en contact avec la noblesse et la population de la capitale, elle finit par se dérober entièrement à l'éclat de la scène qu'elle avait d'abord si bien occupée.

Elle nous apparait encore le diadème au front, son abondante chevelure rejetée en arrière ; aux épaules le grand manteau de cour soutenu par de jeunes pages. Pensive, elle s'avançait comme un peu absente de ce qui l'entourait, prise déjà de la nostalgie des grands espaces, des plaines sans limites, des libres chevauchées. La phase exclusive de la Hongrie était proche, et il allait être entendu que, seul des pays de l'empire, la patrie d'Arpad avait droit aux bonnes grâces de la souveraine.

Il n'y en eut, en effet, pendant un temps, que pour

la Hongrie, dont elle parla la langue et prit le costume ; traversant comme en un conte de fées, revêtue d'un manteau blanc en drap d'argent semé de diamants et de perles, des fêtes inoubliables. Accueillante pour les grands magnats, elle se prêtait volontiers à des ovations dont nous fûmes témoin à Budapest ; ovations extraordinaires, tumultueuses, presque sauvages.

Cette transplantation de la cour lui aliéna l'esprit des Viennois ; assez indulgents d'abord, puis très montés, et qui s'agacèrent de tout ; de son humeur changeante et voyageuse, des caprices de son imagination, de l'exaltation de sa nervosité, de ses habitudes, de son hygiène, de son régime alimentaire. On trouva singulier jusqu'à ses massages et ses bains de vapeur. On ne lui passa ni ses levers à l'aube, ni les soins minutieux donnés à sa chevelure, autrefois si admirée et qu'elle avait remarquable ; la laissant tomber en bas le dos plus longtemps qu'il n'eût fallu.

Il fut repris à ce propos des histoires assez drôles ; celle entre autres de la coiffeuse experte, artiste en l'art capillaire, qu'on fit épouser au chevalier de Feifalik et à laquelle fut conféré le titre de conseillère aulique ; car il ne s'agissait pas en coiffant la souveraine de lui tirer les cheveux ou d'en faire tomber un ; elle aurait eu en ce cas la main plus leste que légère.

Moqueurs et déçus, ne voyant plus en elle qu'un météore irrégulier, les Viennois s'efforcèrent d'oublier celle qu'ils appelèrent l'impératrice errante.

Ne méconnaissait-elle pas ses devoirs de famille et de position ! N'avait-elle pas d'autres intérêts que les voyages pour remplir son existence? N'y avait-il pas pour elle dans les œuvres, les arts, les lettres, une noble place à prendre! Mais voilà! elle ne se soucie pas assez des choses de la pensée, elle délaisse les savants, les littérateurs, les artistes pour faire de la haute école avec les professeurs d'équitation, pour monter à cheval avec Elisa Renz ou Emilie Loisset, pour entreprendre des croisières et pour voguer au loin, emportée sur les ailes des grands voiliers. Ne l'a-t-on pas vue se perdre dans les rues de Paris, s'y confondre avec la foule, entrer dans les magasins, monter en omnibus!

Et le flot des critiques montant toujours, l'empereur fut bientôt seul à excuser chez sa femme, même à s'expliquer, son besoin de rêve et d'isolement.

Il se fit plus tard un peu de réaction dans les jugements portés; il devint évident qu'on était allé trop loin en la tenant pour étrangère à tout domaine intellectuel, aussi bien aux choses de l'esprit qu'à celles de l'empire. On apprenait qu'elle n'avait pu retenir ses larmes à la mort de Deak, le grand patriote hongrois, qu'elle s'était passionnée pour Heine et relisait au bord de la mer ses strophes de la *Tempête*.

Elle ne se montrait donc pas si indifférente qu'on le disait au charme de la poésie, à l'attrait de la haute littérature.

Elle s'était même occupée de la petite, des auteurs ignorés, des écrivains les plus modestes, même de leurs commencements laborieux.

Pourrions-nous oublier nous-même, — atome jeté dans l'espace, — son sympathique appui alors que nous lancions timidement chez Hachette notre premier volume, bientôt salué de Vienne par la croix de François-Joseph. Presque en même temps, plus gracieuse, plus généreuse encore puisqu'il ne s'agissait pas dans cette publication de la dynastie napoléonienne, mais d'une princesse de la maison d'Autriche, l'impératrice Eugénie nous accordait celle de la Légion d'honneur.

Ah ! ces distinctions ne passent pas indifférentes quand on sort à peine des corrections d'épreuves, des retouches décevantes, des séances déprimantes sur les bancs des salles d'attente des grands éditeurs parisiens. Elles sonnent alors, joyeuses, encourageantes, les cloches de la gratitude dans le cœur inquiet d'un débutant des lettres.

Tout avait été frappé dans la vie tourmentée de l'impératrice Elisabeth, son âme, ses sens, son imagination. Les revers publics y avaient succédé sans relâche aux catastrophes privées.

L'amoindrissement de l'Autriche après Solférino lui avait laissé une blessure ouverte; et ce ne fut pas sans effort qu'elle accompagna son mari à Salzbourg pour s'y rencontrer avec les souverains français.

Aussi humiliant que Solférino, fut à ses yeux le désastre de Sadowa; elle ne pouvait l'oublier et ne voulut rien savoir des dessous politiques qui devaient, plus tard, conduire l'Autriche à entrer dans la Triple Alliance.

Ces revirements fréquents et souvent nécessaires dans la vie des grands Etats, elle refusait de les comprendre, puis s'en désintéressa, n'aspirant plus qu'à la liberté de ses mouvements à travers les terrifiantes étapes que furent pour elle le drame de Queretaro et la folie de l'impératrice Charlotte, le détrônement de sa sœur, la reine de Naples, la mort affreuse de son autre sœur, la duchesse d'Alençon, brûlée vive à Paris, au Bazar de la charité, la noyade du roi Louis de Bavière et la folie, qui dure encore, de son frère le roi Othon; le suicide enfin de l'archiduc Rodolphe dans cette mystérieuse tragédie de Meyerling qui brisa tous ses orgueils, toutes ses espérances, ne lui laissant que la force d'appeler les miséricordes divines sur le coup de mort, d'amour et de folie qui lui prenait son fils unique, son malheureux Rodolphe.

Merveilleusement doué, l'héritier de la couronne d'Autriche-Hongrie avait été livré d'abord aux fortes culottes de peau qui l'élevèrent durement, ne lui passant rien. Entouré ensuite d'une légion de professeurs et de savants qui s'emparèrent tour à tour de son intelligence, le jeune prince fut gavé, littéralement, d'algèbre, de botanique, d'histoire, de géographie, de linguistique et de littérature. Chaque année l'empereur le faisait interroger devant lui sur toutes les branches des connaissances humaines.

Si notre Rodolphe en réchappe, disaient les Viennois, s'il ne sort pas idiot de tant de mains, il aura de la chance.

Que de fois n'avons-nous pas entendu répéter cela dans les familles et dans le monde; mais il en réchappa, ayant l'esprit lumineux, essentiellement compréhensif. Le goût des sciences exactes, des découvertes géographiques, des recherches sur la flore des Alpes autrichiennes s'alliait chez lui au talent littéraire. Il n'a pas laissé moins de onze mémoires scientifiques.

Bon garçon avec cela, grand seigneur un peu fantasque, assez malicieux, l'archiduc Rodolphe n'eut que des amis, à la cour et dans la société, où sa vivacité, sa crânerie militaire, sa parfaite élégance, lui attiraient les sympathies.

On comprendra dès lors l'effet produit par sa tragique disparition.

Témoin de tant de deuils et de tant d'écroulements, l'impératrice Elisabeth connut alors le fond de la douleur, s'enveloppa d'une incurable mélancolie, n'en sortit par instants que saisie d'extase devant de beaux et de grands paysages : elle chercha dans l'instabilité même de ses goûts et de ses déplacements une diversion à ses pensées.

Les solitudes ombreuses et fleuriés suspendues sur la mer Adriatique du palais de Miramar, création de l'empereur Maximilien, l'avaient souvent retenue depuis la mort de ce dernier et la folie de l'impératrice Charlotte. La tragique vision de ces ombres plaintives l'appelait presque malgré elle sous les pins, sous les tonnelles de roses ou dans le fouillis des citronniers, des orangers, des myrtes, que les souverains éphémères du Mexique avaient quittés pour aller au-devant du drame de Queretaro.

Passée elle-même des bords du Nil au littoral algérien, des neiges septentrionales aux bruyères d'Ecosse, puis aux doux rivages d'Ionie, elle s'attarda au promontoire de Corfou, occupée d'Homère et de Sophocle, ne voulant les lire au pays d'Ulysse et de Nausicaa que dans le texte grec. Elle s'était mise au grec avec une sorte de passion sous la direction du docteur Cristomanos, son professeur et un peu son médecin ; un érudit et un savant, que le sens poétique de son élève, ses goûts studieux, sa nature aventureuse avaient électrisé.

« C'était, a-t-il écrit, une souveraine par la grâce de l'âme et non par le diadème ; elle appartenait à la race des Elfes, — elle avait l'enthousiasme du beau dont elle était elle-même l'incarnation. »

Il semblait pourtant à l'excellent docteur qu'elle mettait trop de hâte à quitter le désir de vivre. Ne lui avait-elle pas dit au cours d'une promenade en mer que la furie des flots soulevés rendait périlleuse : « Je suis prête à mourir. Et vous, êtes-vous prêt ? »

Non contente de lire et de rêver sur l'ilot de Corfou, l'élève du docteur Cristomanos imagina d'y bâtir, fit élever là un palais où Heine eut son buste, dont les terrasses orientales plantées de cinquante mille rosiers, soutinrent un temple qui s'appela l'Achilléion. Elle souhaita d'être inhumée là, tout au bord de cette mer de saphir dont elle aimait le chant et les colères. C'est sur ce rivage que j'entends dormir, disait-elle, pour que, sur mon tombeau, viennent continuellement se briser les vagues.

Elle voyait dans les vagues qui viendraient battre sa tombe comme elles avaient battu sa vie, l'image de sa propre destinée.

L'empereur n'avait rien dit, mais quand il la vit s'éprendre des bords du Léman et des navigations de Genève à Territet; quand il sut que, se détournant de Corfou, elle avait vendu l'Achilléion, qu'elle visitait des terrains près de Montreux et que déjà des marchés étaient conclus, il vint la rejoindre au Grand-Hôtel de Territet, l'accompagna dans ses promenades à pied, partagea ses enchantements et.... résilia les contrats de vente.

C'est à Territet que nous avons rencontré pour la dernière fois l'impératrice Elisabeth; un peu changée, les traits tendus, avec, dans le regard comme une flamme inquiète, mais toujours souverainement distinguée, n'ayant rien perdu du bel ovale de son visage, non plus que de sa taille mince et souple. Restée jeune après tant de tristesses, elle étonnait les étrangers rangés sur son passage. Etait-ce bien là celle que l'histoire contemporaine compare à la Niobé antique qui ne pouvait plus avoir ni un sourire ni une larme?

Devenue taciturne, elle passait, saluant à peine, ne parlant à personne, montait lentement la rampe qui va du port à la prestigieuse terrasse du Grand-Hôtel, pressée pourtant de fuir les regards et de regagner la tonnelle de clématites d'où elle aimait à contempler silencieusement le radieux paysage.

Qu'il y avait loin alors de sa très simple robe noire au manteau de cour qui faisait ressortir encore la chute harmonieuse de ses épaules.

Ce manteau qu'elle avait rejeté à Vienne pour ne plus le reprendre, elle le porte aujourd'hui; mais c'est à Territet où s'élève la statue qui rend si bien, avec sa tenue, ses traits, les visions de son regard rêveur.

La poésie lumineuse, l'éclat de ce rivage, — collier superbe et charmant qui égrène ses perles dénouées de Villeneuve à Vevey, — l'avaient prise tout entière. On la voyait, le matin, de bonne heure, ou le soir au coucher de soleil, se rendre à la terrasse de l'église de Montreux, prendre le sentier des roses, en suivre la bordure d'églantiers jusqu'à la passerelle aérienne, jetée dans le bleu, qui surplombe le lac. En vue des montagnes de Savoie et des Alpes neigeuses, des voiles penchées sur le flot, des promontoires, des baies qui se déroulent, elle semblait trouver comme un peu d'apaisement.

Penchée dans le vide du haut de la passerelle, elle attachait son regard sur les pierres tombales qui blanchissent dans les roses et la verdure du petit cimetière adossé à la colline; songeant, on l'affirmait, qu'elle serait encore mieux là qu'à Corfou pour y dormir son dernier sommeil.

C'est pour les revoir encore qu'elle allait prendre à Genève le bateau de Territet, quand elle tomba sur le quai d'embarquement sous le couteau d'un sectaire.

Son vœu d'être inhumée dans le petit cimetière de Territet ne devait pas s'accomplir ; et c'est à Vienne, sous les froides et sombres voûtes des tombeaux de la maison d'Autriche qu'elle repose entre son fils suicidé à Meyerling et l'empereur Maximilien fusillé à Queretaro.

CHAPITRE XXVII

A ST-CLOUD. — A PROPOS DE LA RÉGENCE.

Pendant que le vaincu de Solférino reprenait le chemin de Vienne, ferme de corps et de visage, retenant les plaintes prêtes à s'échapper de son âme saignante des plaies de l'armée et de celles du pays, Napoléon III, quittant Viareggio, rentrait à St-Cloud, heureux des succès obtenus, satisfait de l'armée dont il avait gardé la direction du commencement à la fin de la campagne, prenant sur lui, après Montébello, la disposition de toutes les troupes sur la route de Milan, marchant à l'attaque de Triana, supportant la fatigue avec constance. Son éloge était dans toutes les bouches. Discret, courtois, écrit le comte d'Hérisson, il semblait n'avoir d'autre préoccupation que celle de conserver l'affection et le respect.

Alors âgé de cinquante et un ans, se portant bien, en possession de toutes ses facultés, à l'apogée de sa gloire et de sa toute-puissance, il ne se départit pas un instant, durant la guerre, de son égalité d'âme.

Il avait trouvé de nobles paroles pour annoncer aux troupes, le 12 juillet, que leur retour était prochain.

« La patrie reconnaissante accueillera avec transport ses soldats qui ont porté si haut la gloire de nos armes. — Soyez donc fiers de vos succès, fiers des résultats obtenus, fiers surtout d'être les enfants bien-aimés de cette France qui sera toujours la grande nation tant qu'elle aura un cœur pour comprendre les nobles causes et des hommes comme vous pour les défendre. »

Ces paroles eurent plus d'écho en France qu'en Italie, où Cavour ne voyait pas sans amertume et sans colère la Vénétie échapper au Piémont.

Ne prévoyant pas encore que l'Autriche, obligée de maintenir sur un pied de guerre ce pays italien ensuite des menées piémontaises et du travail des sociétés secrètes, finirait par y renoncer et par l'offrir à Napoléon III, Victor-Emmanuel ne se montrait pas moins déçu que son premier ministre.

« Que devient, disait-il, le programme de Napoléon III : l'Italie libre jusqu'à l'Adriatique, si Venise, Vérone et le quadrilatère restent à l'Autriche ? »

Tout, à ses yeux, était remis en question ; et ce ne fut pas sans maugréer qu'il dut se rendre à Milan et à Turin pour y recevoir et y fêter l'empereur parti de Viareggio. Se rattrapant sur Cavour qui, dans son découragement, lui offrait sa démission, il écoula sur lui une partie des fortes épithètes dont il avait provision.

A Milan, la réception faite à l'empereur manqua d'allégresse. Plus froid encore fut l'accueil de Turin, où le roi dut offrir à son allié un dîner de gala qui manqua d'entrain et après lequel Napoléon III repartit directement pour St-Cloud, voulant réserver à ses troupes les ovations de Paris.

Rentré le 19 juillet, tout à la joie d'embrasser son fils et du tendre accueil que lui fit l'impératrice, il dut s'occuper de la réception des grands corps de l'Etat qui allaient venir présenter au souverain leurs félicitations et répondre à la proclamation par laquelle, modifiant le programme de son départ pour l'Italie, il motivait la décision prise de traiter à Villafranca.

Les harangues se succédèrent au palais de Saint-Cloud, couvrant de fleurs le souverain triomphant.

Comparé à Auguste par le Conseil de la Meuse et à Scipion par le président du Sénat, Napoléon III en prévint l'impératrice, qui ne put s'empêcher de rire de ces transformations variées, surtout de la dernière.

Tout en traversant les salons pour se rendre à

celui dans lequel le Sénat s'était rendu, l'empereur, qui boutonnait son gant, dit à sa femme : « Ce diable de Troplong, m'embarrasse. J'ai connaissance de son discours ; il me compare à Scipion. »

La compensation des discours à subir fut dans la rentrée de l'armée d'Italie.

Nous avons dit ailleurs ce que fut cette journée dernier triomphe militaire dont Paris fut témoin, — sous quelle pluie, sur quel chemin de fleurs passèrent aumôniers et blessés, officiers et soldats; de quelles acclamations fut salué l'empereur qui s'était rendu au-devant des troupes massées sur la place de la Bastille pour les voir ensuite, revenu sur ses pas, défiler devant lui au pied de la colonne Vendôme; de quels cris frénétiques furent salués, après Saint-Jean d'Angely, à la tête de la garde impériale, après les 1er, 2me, 3me et 4me corps conduits par Baraguay-d'Hilliers, Mac-Mahon, Canrobert et Niel, les drapeaux pris, les canons capturés.

Le soir, au Louvre, au banquet offert dans la salle des Etats aux chefs de la campagne, l'empereur but à l'armée et aux généraux qui lui avaient rendu facile le commandement des troupes. « N'oublions pas », dit-il, reportant sur eux la meilleure part des succès obtenus, « n'oublions pas ce que nous avons fait ensemble. » Pendant qu'il parlait une foule innombrable se pressait dans Paris illuminé, où la population s'associait joyeusement à la satisfaction des troupeset du souverain.

Le prochain retrait des mesures de sûreté prises après le coup d'Etat et au lendemain de l'attentat d'Orsini, l'entrée rendue publique aux séances du Sénat et du Corps législatif, le rappel de Cayenne des déportés politiques, ajoutèrent encore à la détente générale des esprits.

Vainqueur de la Russie en Crimée, des Autrichiens en Italie, fier d'avoir rendu à la France le rang qui lui revenait dans le monde, Napoléon III avait encore à se réjouir en rentrant à Saint-Cloud d'une régence qui avait mis en lumière le sens politique de l'impératrice, son entente des affaires. Il lui demanda même de continuer à assister aux séances du Conseil, ce qu'elle fit quelque temps encore, puis cessa d'y paraître.

C'est cependant à partir de cette époque que s'affirma son intérêt pour les choses de la politique, de la politique étrangère surtout ; celle de l'intérieur ayant moins d'attrait pour elle, bien que Pierre de Lano, qui ne la ménage pas, lui ait attribué dans ce dernier domaine une intervention autoritaire et taquine ; la montrant préoccupée dans une lutte journalière d'assurer sa prédominance et d'éloigner du cabinet de l'empereur ceux dont l'influence pouvait contrarier la sienne.

Elle ne les écarta pas tous cependant, car sans parler de Duruy, un protestant, et d'Emile Ollivier, un libéral, elle négligea de fermer la brèche par laquelle plus d'un ministre contredisant et même orléaniste ont trouvé le moyen de se glisser dans le cabinet du souverain.

Emile Ollivier, dont elle n'avait pas souhaité la nomination, et qui se trouva sur son passage lors du voyage d'Egypte, écrivait de Toulon le 9 novembre 1869 : « J'ai été très content de l'impératrice à Toulon ; elle a été charmante pour moi et je l'ai trouvée en d'excellentes dispositions. »

Le général Fleury, d'après Pierre de Lano, n'aurait pas eu lieu de se montrer aussi satisfait qu'Emile Ollivier des procédés de la souveraine, qui n'aurait apprécié ni l'attitude politique du général ni ses tendances personnelles.

L'ayant fait envoyer comme ambassadeur à St-Pétersbourg : « Maintenant, aurait-elle dit, rien ne se fera que je ne le sache. »

Que la grâce extérieure de l'impératrice Eugénie ait recouvert autant de décision que de vivacité, nous le savons par l'empereur lui-même, qui écrivait au ministre Fould, froissé dans son amour-propre de ce que l'impératrice avait pris parti au Conseil pour un de ses contradicteurs : « Vous savez que l'impératrice est très vive, mais qu'au fond elle vous aime beaucoup. Un mot de regret arrangera tout. »

S'adressant d'autre part à sa femme dans un bien charmant billet : « Je compte, lui disait-il, sur tout ce qu'il y a d'élevé dans votre esprit et de tendre dans votre cœur pour amener une réconciliation générale. »

A propos des jugements ineptes ou calomniateurs qui ont assailli depuis sa chute la dernière souveraine des Français, cherchant comme à faire expier à cette noble femme ses prestigieuses grandeurs, il nous est arrivé, dans notre dernier volume, d'en rapporter un qui nous a valu la mortification de ramasser ce qu'on appelle aujourd'hui une « forte pelle ».

Ayant cité une de ces accusations aventureuses portées si libéralement sur l'impératrice, qui sans doute les ignore, n'a que faire de notre appel à la vérité et ne veut pas qu'on la défende — n'en ayant pas besoin — nous avions donné le nom de l'auteur : Benjamin G., ne nous apercevant pas sans saisissement, après les retouches voulues, la copie du manuscrit, la correction des épreuves, la revue des bonnes feuilles et le « bon à tirer, » que ce nom, déformé ou mal transcrit, était devenu celui de Benjamin Ganderax.

Tous ceux qui écrivent et publient savent qu'il peut arriver aux auteurs les plus attentifs, en corrigeant les épreuves, de lire un nom comme ils pensent l'avoir écrit et non tel qu'il est imprimé. C'est dans ce travers que nous sommes tombé, averti de cette chute par le distingué directeur de la *Revue de Paris.*

Très surpris de se découvrir un cadet de famille qu'il ne se connaissait pas, M. Louis Ganderax voulut bien nous demander où nous avions trouvé ce Benjamin, nous démontrant par une généalogie soigneusement établie qu'il n'y avait pas place dans sa famille pour le moindre Benjamin, que personne ne portait ce prénom ni ne l'avait porté.

Dès qu'il n'y avait de juste dans la citation, outre l'extrait de l'article, parfaitement exact, que le nom de baptême de son auteur, il ne nous restait qu'à rétablir son nom de famille ; et cela d'autant plus solidement qu'un allié de l'impératrice Eugénie, ami de M. Louis Ganderax, l'avait prié de bien vouloir l'éclairer sur ce point.

C'est là précisément ce que nous n'avons pu faire, n'ayant pas réussi à retrouver dans l'avalanche de paperasses et d'informations d'où sont sortis nos deux derniers volumes la page du livre, l'article de journal, le fragment de lettre qui nous avaient donné le passage en question.

— Pas même dans votre mémoire, qui est bonne pourtant, nous dit quelqu'un ?

— Pas même.

Alors, prenez garde. Ne pas retrouver, quand on les veut, les noms qu'on sait, c'est le premier symptôme de la sénilité.

— Merci.

CHAPITRE XXVIII

EN FRANCE APRÈS SOLFÉRINO.

Engagé en Crimée dans la question d'Orient que la prise de Sébastopol n'avait pas résolue; pris au delà des Alpes par les affaires italiennes dont Solférino n'était que le prodrome; absorbé bientôt par la question romaine qui surgissait brûlante, inextricable et ne devait avoir de solution qu'après sa chute, Napoléon III vit dès son retour en France l'ombre de l'unité italienne se dresser devant lui, enveloppée d'embarras politiques et religieux, de protestations platoniques, de reculs, de mouvements en avant et de contradictions. Ne s'étant pas arrêté aux deux premières et glorieuses étapes de Sébastopol et de Solférino, il allait au-devant de celles qui s'appelleront Sadowa et Sedan.

A cette heure, malgré son regret de n'avoir pu remplir que la moitié de son programme en laissant Venise à l'Autriche, malgré le mécontentement des Italiens, il se félicite d'avoir unifié et grandi leur patrie: il se félicitera plus encore non seulement de donner à la France la Savoie et le comté de Nice, mais de pouvoir y appliquer, ainsi que dans l'Italie centrale, son principe des nationalités et sa doctrine sur le droit qu'ont les peuples d'être consultés sur leur sort. Il ne pense pas avoir manqué à ses engagements en ne dotant le Piémont que de la Lombardie; et s'il s'est arrêté à Villafranca, c'est pour ne pas trop amoindrir l'Autriche dont il peut avoir besoin, dont il veut ménager le prestige et les forces. N'en sera-t-il pas récompensé au delà de toute espérance en voyant, plus tard, l'empereur François-Joseph lui offrir cette Vénétie dont, à son tour, il fera don à Victor-Emmanuel ?

La publicité donnée aux revendications piémontaises, les déclamations des tribuns italiens contre le Saint-Siège, les insultes de Garibaldi qui appelle Pie IX le « cancre des nations, » le « fumier de la péninsule; » les méfiances de l'Eglise et des ultramontains, les plaintes du clergé, les doléances du pape peinaient, contrariaient Napoléon III sans l'impressionner autant que l'impératrice, qui en était arrivée à regretter parfois ce qui venait de s'accomplir au delà des Alpes; inquiète de voir l'empereur s'engager toujours plus avant dans les affaires d'Italie dont il finirait par n'être plus le maître, pris dans l'engrenage que Ricasoli avait signalé à M. de Reiset.

Quand ce dernier fut envoyé à Turin avec la mission de chercher à ramener Victor-Emmanuel, ses ministres et son monde aux clauses du traité de Villafranca, il trouva les esprits moins surexcités, mais les impressions subsistaient, les arrière-pensées étaient les mêmes.

Victor-Emmanuel et Cavour s'en tenaient à de douteuses protestations d'amitié, ne donnaient que des assurances vagues. Ratazzi se réservait. Ricasoli avertit sans beaucoup de guirlandes M. de Reiset que l'Italie était « un engrenage dans lequel l'empereur avait mis le pied et que tout son corps y passerait ».

Ce n'était pas là un propos en l'air; l'empereur n'allait pas tarder à s'en apercevoir, dans les duchés, dans les Romagnes, en Toscane, puis dans les Deux-Siciles auxquelles il avait été convenu pourtant que leur autonomie serait conservée.

Il y eut aux Tuileries, à propos des menées révolutionnaires qui entraînaient la péninsule, plus d'un froncement de sourcils; mais ces annexions successives, appelées par le vœu populaire, n'étaient-elles pas l'application violente du principe impérial sur les nationalités et le suffrage universel? Napoléon III pouvait les empêcher par la force, aussi bien qu'il tenait fermées pour les Piémontais les portes de Rome; mais irait-il jusqu'à reprendre les armes pour combattre ceux qu'il venait d'affranchir ? Personne en Italie ne le pensait.

L'impératrice sentait vivement tout cela, et sans être inattentif à ses appréhensions, le souverain ne les partageait pas toujours, bien qu'assez irrité de la désinvolture des Italiens pour ajourner jusqu'au 29 août 1861 la reconnaissance du jeune royaume et pour n'avoir plus, à un moment donné, qu'un simple chargé d'affaires à Turin.

Jusqu'au moment de la mort de sa sœur, la duchesse d'Albe, survenue au moment du triomphal voyage d'Algérie, l'impératrice ne laissa rien paraître des pressentiments qui l'obsédaient ; elle assista, souriante, aux grandes fêtes des Tuileries, promit sa présence à quelques-unes de celles qui marquèrent le brillant hiver de 1860, toujours précédée d'un salon à l'autre par un murmure d'admiration discrète dont elle n'avait pas l'air de s'apercevoir. On s'étonnait même qu'elle pût garder devant ce flot d'hommages adulateurs, sa simplicité, son gracieux naturel.

Paris, dont le mouvement mondain de cette époque amusait la curiosité, faisait marcher le commerce, se déclarait fort épris d'elle, voulait savoir quels diamants elle avait choisis dans ceux de la couronne, quelles toilettes elle portait. Les journaux le lui apprenaient.

A la fête donnée dans sa maison pompéienne par

le prince Napoléon, elle n'avait dans les cheveux qu'un cercle d'or; précisément ce qu'il fallait là. C'était charmant.

La princesse Clotilde, qu'on disait médiocrement attirée par la décoration trop païenne de cette maison, était présente; elle y dansa avec l'empereur et le prince de Metternich. On la verra même en bouquetière au bal costumé de l'hôtel d'Albe, promenant sans ostentation sa corbeille de fleurs. Paris fut bien aise d'en être informé, mais son attention n'était pas à la distinction un peu timide de l'austère princesse. Ce qu'il fallait à son besoin de reportages d'élégance et de vie, c'était le charme dans la beauté, personnifié par la souveraine.

On la voyait de temps à autre, accompagnée d'un chambellan, et plus tard du petit prince, se promener à pied aux Champs-Elysées, suivie parfois, à distance, avec une convenance parfaite, de véritables vagues humaines. Dans les réflexions de la foule, la surprise dominait.

Comment, c'est elle? A pied, en noir tout simplement. La robe, par exemple, est d'une coupe irréprochable; le chapeau d'un goût sobre et sûr. Que tout cela est bien porté! Comme elle salue bien! Quelle jolie démarche! Et moi qui ne l'avais pas encore vue de près!

C'est au cours d'une de ces promenades que l'impératrice aperçut la comtesse Edmond de Pourtalès. « Quelle jolie femme ! dit-elle au duc Tascher de la Pagerie. La connaissez-vous ? » — « C'est précisément, répondit le duc, une des dames dont Votre Majesté a ajourné la présentation. » — « Quel dommage ! » reprit l'impératrice.

Mme de Pourtalès avait demandé, en effet, à être présentée, mais les grandes présentations des Tuileries avaient pris fin et la chose fut remise.

Quelques jours après, à l'hôtel d'Albe, Mme de Pourtalès, qui figurait dans le quadrille des Eléments, y fit sensation par cette grâce charmeresse que doublaient pour nous ses attaches neuchâteloises. Elle fut admise, au moment du souper, à la table des souverains où l'impératrice lui parla.

Paris, le regard fixé sur les Tuileries, l'oreille tendue à ce qu'on en rapportait, et qui se regardait dans ses propres embellissements, dans sa prospérité, aussi fier de lui-même que des faits glorieux de l'armée d'Italie, ne semblait pas se soucier beaucoup des complications internationales sorties de ces mêmes faits, mais ces complications ne passaient pas inaperçues dans les milieux politiques et intellectuels ; les partis hostiles se réservaient de les exploiter contre un règne dont l'unité italienne, l'unité allemande, le développement extraordinaire de l'empire anglo-saxon devaient finir par marquer la politique étrangère. Même dans les sphères conservatrices ralliées au pouvoir, il ne manquait pas de gens disposés à regretter les visées qui avaient conduit Napoléon III en Italie, parce que ces visées, disaient-ils, provenant d'un idéologue plus que d'un conducteur de peuples, étaient de nature à mettre les penchants de l'homme en contradiction avec ses devoirs de souverain. On ne prophétisait pas encore que l'unité de la péninsule, prodrome de celle de l'Allemagne, serait le germe des désastres futurs; on n'allait pas jusqu'à dire, comme on l'a fait dès lors, que c'est en 1859 qu'il eût fallu arrêter et maudire le rêveur humanitaire et socialiste, le philosophe couronné qu'était Napoléon III, partisan dangereux, tenace, des grandes agglomérations d'Etats et de la réunion sous une même loi des hommes de même race; mais on se demandait si les résultats de la campagne de 1859 étaient bien en rapport avec ce qu'elle avait coûté. Valait-il la peine de l'entreprendre, de verser des flots de sang et de dépenser 360 millions pour ne laisser que de l'amertume dans le cœur des Italiens? N'y avait-il pas là aussi une inquiétante tentation pour l'empereur qui avait, il est vrai, relevé le nom de la France et contraint la gloire à saluer son drapeau, mais qui avait d'autre part goûté le sang et pourrait y prendre plaisir comme son oncle, jusqu'à ce qu'il tombe.

Dans leur scepticisme, leur ironie, les partis revinrent aux imprévoyances et aux fautes d'une campagne mal préparée et dont les victoires avaient été bien près de se changer en défaites. Oubliant volontiers que s'il était naturel de faire à l'empereur, promoteur de la guerre d'Italie, la part qui lui en revenait, il était injuste de ne la faire qu'à lui, ses adversaires d'alors et d'aujourd'hui appelant politique d'aberration ce que beaucoup d'entre eux avaient encouragé comme une politique d'émancipation. Les démocrates, les futurs chefs du parti républicain n'avaient pas été les seuls à préconiser l'abaissement de l'Autriche et le triomphe du Piémont. La mentalité française, dans ce qu'elle avait alors de plus libéral, de plus intelligent, s'était ouvertement prononcée pour la libération de l'Italie, conception personnelle de Napoléon III, mais devenue rapidement celle de l'ensemble de la nation.

L'exaspération de quelques esprits, de Lamartine entre autres, est cependant à noter.

Lamartine traversait de poignantes tristesses ; ses embarras d'argent l'obligeaient à vendre son château ; et la lettre dans laquelle il fait part à un ami de ce sacrifice, prend au sujet des affaires d'Italie un tour presque prophétique.

« Je ne vous dis rien de la politique. Il n'y en a plus. Nous descendons doucement vers la cataracte du Niagara. Dans deux ans, sauve qui peut! Vous savez ma pensée sur l'unité italienne, prélude de l'unité allemande, deux stupidités et deux trahisons en une par des Français!

« Je vends, en effet, Milly à vil prix pour éviter une expropriation à plus vil prix encore. Je déménage hier et aujourd'hui le bois de lit de ma mère où j'ai été conçu, allaité et où, plût à Dieu que je n'eusse pas été conçu; car j'exècre l'air que je respire. »

Malgré les divergences d'opinions qui se donnaient carrière quant à l'orientation donnée à la politique extérieure de l'Empire, la majorité du pays se montrait satisfaite, fière des choses accomplies; elle admettait que la guerre d'Italie s'était faite pour une idée, que cette idée était juste, noble, et que l'empereur avait bien fait de la réaliser. Celui qui, à ce moment-là, rappelant les revirements naturels à l'esprit français, eût annoncé qu'on pourrait bien voir un jour Napoléon III conspué par la populace qui avait traîné sa voiture à son départ pour l'Italie, et que cette même populace, quelques années plus tard, se jetterait furieusement sur les Tuileries, habitées par l'impératrice, en secouerait les grilles, eût passé pour un visionnaire, pour un halluciné.

CHAPITRE XXIX

LE SAINT-SIÈGE ET LES CATHOLIQUES DE FRANCE APRÈS SOLFÉRINO. — L'EXPÉDITION DE CHINE.

L'année 1859, auréolée de gloire pour le second Empire, si grosse d'événements pour l'Autriche et l'Italie, ne s'était pas achevée sans affirmer la justesse de ce propos du roi Louis-Philippe : « Ne pas mettre le doigt dans les affaires de l'Eglise, on l'y laisserait. »

L'apparition, le 23 décembre 1859, d'une brochure inspirée par Napoléon III : *Le pape et le Congrès*, suivie, le 31 décembre, d'une lettre adressée par lui au souverain pontife, avait révolutionné le Vatican, indigné que Napoléon III pût lui conseiller l'abandon au Piémont des Romagnes insurgées. Pie IX s'en expliqua avec une sorte de violence, le 1er janvier 1860, devant le général Goyon, venu lui présenter les vœux du corps français d'occupation.

La brochure *Le pape et le Congrès* étant anonyme, Pie IX pouvait parler, mais la vivacité de son langage à propos de ce « monument d'hypocrisie, de ce tissu de contradictions, » rendit public le dissentiment survenu entre les deux cours, apporta aux Tuileries la surprise et l'émotion. Il devint évident que le pape réclamait le désaveu de la brochure; l'impératrice comprit qu'elle ne l'obtiendrait pas.

La lettre du 31 décembre ne devait pas avoir à Rome plus de succès que la brochure.

L'empereur, exposant avec une déférence un peu triste ses propres difficultés, engageait doucement Pie IX à faire au repos de l'Europe et à la tranquillité des Etats de l'Eglise le sacrifice des Romagnes, déjà passées au Piémont, et qui se refuseraient au retour du Légat.

Le Saint-Siège ne voulant se prêter à aucun accommodement, il surgit entre Paris et Rome des complications que les partis hostiles exploitèrent à leur profit et qui excitèrent les méfiances des catholiques français; méfiances qu'entretenaient les propos déconcertants du prince Napoléon, scandalisé qu'il pût être question d'établir le trône pontifical au sein de la péninsule unifiée.

Le vraie pensée de l'empereur, disait-on, dans le parti catholique ne se cacherait-elle pas sous les paroles du prince? S'il en était autrement, si ce qui se dit tout haut au Palais-Royal n'était pas l'écho de ce qui se dit tout bas dans le cabinet du souverain, on saurait réprimer les écarts de langage de ce prince intempérant.

Chez les hommes d'Etat, les ministres, les diplomates, comme aux Tuileries, il y avait sur les questions de Rome et d'Italie une divergence de sentiments et de vues qui gagna les cercles politiques et rendit apparente la formation de deux partis dont il ne fut pas toujours possible à Napoléon III de rester le pondérateur et l'arbitre. Ainsi le comte Walewski, à la tête de la diplomatie française depuis 1855, s'était montré, contrairement aux idées de son maître, aussi peu sympathique aux visées de Cavour qu'à la guerre d'Italie. Il en avait été de même pour Drouyn de Lhuys, diplomate circonspect, ministre judicieux, mais trop partisan, aux yeux de Napoléon III, des traités de 1815 et du maintien de l'équilibre européen.

Walewski, ministre des Affaires étrangères, et qui s'était rallié aux clauses du traité de Villafranca avec la pensée d'un Congrès qui réglerait les questions en suspens, comprit à l'apparition de la brochure du 23 décembre 1859, et mieux encore par la lettre de l'empereur à Pie IX, du 31, qu'il n'y aurait pas de Congrès, que les Tuileries ne s'opposeraient pas à l'annexion au Piémont de l'Italie centrale, que l'allocution du pape au 1er janvier 1860 préparait comme un schisme entre l'Empire et le Vatican et que lui, Walewski, auquel la brochure et la lettre n'avaient pas été communiquées, devait offrir sa démission.

Sans grande portée pour le public qui en ignorait les dessous, cette démission fut pour l'impératrice et le monde du pouvoir le présage des concessions que l'empereur se disposait à faire à la politique unitaire de l'Italie. Ces concessions, l'impératrice les tenait pour inquiétantes dans l'état d'esprit où se trouvaient le Vatican et les catholiques de France. Pourquoi sacrifier aux turbulences piémontaises l'appui que le Saint-Siège, l'épiscopat, le clergé avaient jusqu'à présent prêté au second Empire? Pourquoi jeter le trouble dans l'Eglise, dans les esprits par une agitation religieuse qui ne profiterait qu'à la maison de Savoie? L'accord du trône et de l'autel n'avait-il pas assuré à l'avènement de Napoléon III le concours des masses conservatrices?

La souveraine rencontra sur ce point des alliés dans tous les camps, même dans le monde protestant, avec Thiers et Guizot, où il fut exprimé ce regret qu'elle n'eût pas, en cette affaire, une influence plus décisive sur son époux.

Chose surprenante, l'Académie se jeta dans le débat et se prononça pour le Saint-Siège, dont les droits étaient violés. On vit Cousin, chef des philosophes spiritualistes, marcher avec Louis Veuillot, Lacordaire, Falloux, et refuser d'admettre, comme le gouvernement cherchait à le faire entendre, qu'il ne s'agissait là que d'une simple modification de territoire autour de Rome, et que cette modification ne saurait porter aucune atteinte à l'indépendance du Saint-Siège.

Heureux de ces symptômes de résistance et d'un mouvement d'opposition auquel ils n'étaient plus accoutumés, les républicains se félicitaient d'un différend religieux et politique que la suppression de l'*Univers*, les avertissements donnés à plusieurs journaux, le refus par l'empereur de recevoir les intellectuels qui avaient demandé à venir plaider devant lui la cause du Saint-Siège injustement dépouillé, ne cessaient d'envenimer. Les républicains ne pouvaient voir en tout cela qu'un atout dans leur jeu.

Trop avisé pour ne pas s'en apercevoir et pour ne pas saisir la perte qu'il ferait en s'aliénant les sympathies du monde catholique, Napoléon III entendait sauvegarder la sécurité du Saint-Siège et lui laisser autour de Rome un peu de territoire tout en ménageant le Piémont dont il aurait besoin pour la cession à la France de Nice et de la Savoie. De là, pour lui, un périlleux dilemme dont il ne lui serait pas facile de sortir. De là aussi deux coalitions entre lesquelles il sera pris jusqu'à la fin du règne.

Celle des ambitions piémontaises servies par les entreprises garibaldiennes.

Celle, non seulement de l'Eglise de Rome et des catholiques de France, devenus soupçonneux, et qu'indisposaient ses concessions grandissantes à l'unité de la péninsule, mais aussi de l'entourage intime du souverain et d'une partie de ses conseillers qui auraient voulu, liés ensemble et non contraires, les intérêts politiques et religieux de l'Empire.

Le souhait exprimé par Napoléon III de retirer de Rome, un jour ou l'autre, le corps d'occupation contre lequel se dressait la popularité de Garibaldi et qui provoquait les colères des patriotes piémontais, n'allait-il pas mettre le Saint-Siège à la merci d'un coup de main? Les catholiques se le demandaient; et cette éventualité leur donnait le droit, pensaient-ils, de douter des intentions du souverain.

C'est pour répondre à ces craintes, à ces doutes, que l'empereur, dans son discours du 1er mars 1860, à l'ouverture des Chambres, fit entendre les paroles retentissantes qu'il mit aussi dans la bouche du ministre Rouland et que, plus tard, en 1867, il apporta à sa décision de rappeler ses troupes de Rome le correctif d'instructions spéciales au général Fleury. « Si après le départ des troupes françaises, mandait-il, le pape devait se retirer devant une émeute, l'empereur n'hésiterait pas à le ramener avec ses troupes. »

C'est encore au nom du souverain que Rouland

avait dit à propos de la situation faite au Saint-Siège : « L'empereur y a pensé devant Dieu. Sa sagesse, sa loyauté bien connues ne feront défaut ni à la religion ni au pays. Il est le plus solide soutien de l'unité catholique et veut que le chef de l'Eglise soit respecté dans tous ses droits de prince temporel. » Faisant lui-même allusion, dans son discours aux Chambres du 1er mars 1860, à l'agitation religieuse qui s'était produite en France, et à la position qu'il avait prise à Rome : « Depuis onze ans, disait-il, je soutiens seul à Rome le pouvoir du Saint-Siège, sans avoir, un seul jour, cessé de révérer en lui le caractère sacré du chef de notre religion. »

Les contemporains de l'époque impériale n'ont pas oublié ce qu'étaient alors les discours de Napoléon III, devenus des événements politiques et littéraires, aussitôt publiés d'un bout du monde à l'autre.

« Publiciste couronné, » comme l'appelle Imbert de St-Amand, l'empereur mettait à ce qu'il avait à dire en public un certain amour-propre, et les paroles qu'il prononcerait le 1er mars 1860 étaient impatiemment attendues, aussi bien à Paris, à Rome et à Turin que dans les autres cours d'Europe.

Un regret s'ajouta cette fois-là à la satisfaction éprouvée par l'empereur de voir l'Italie se reconstituer librement ; celui de n'avoir pas obtenu l'indépendance de Venise. Il ne cacha pas non plus son conseil donné au Piémont de maintenir l'autonomie de la Toscane et de respecter le Saint-Siège avec lequel il eût souhaité de réconcilier les Romagnes.

Sans passer inaperçu, — chaque mot étant pesé, discuté, dans les régions officielles et dans le public, — le passage sur l'expédition de Chine, préparée de concert avec l'Angleterre, ne révolutionna pas le pays, encore grisé des victoires d'Italie et qui avait assisté en décembre 1859, avec une gaillardise un peu narquoise, au départ pour l'extrême Orient du corps expéditionnaire chargé d'aller rappeler les Chinois au respect des traités. Ce qu'on allait rire « en causant avec ces Jaunes! »

Il allait y avoir, en effet, un peu à rire là-bas, mais aussi à peiner, à souffrir, à écarter de sinistres ombres, à surmonter sans relâche des difficultés imprévues, des obstacles de toute nature, traversés, il est vrai, par l'héroïque phalange, avec une endurance, une furia, qui donnèrent à cette campagne légendaire quelque chose de fantastique.

Dans plus d'une famille, malgré les périls entrevus, l'expédition de Chine fut saluée avec plus de joie que d'inquiétude, comme un heureux débouché au besoin d'expansion d'un certain nombre de jeunes gens, oisifs et fortunés, restés sans occupation depuis la guerre d'Italie. Ceux qui en étaient revenus sains et saufs et auxquels la vie de garnison ne suffisait pas, s'étaient bientôt laissés reprendre par le train de Paris, ses folies, ses plaisirs énervants, sans perdre de vue toutefois, et y revenant volontiers dans leur conversation, le souvenir des glorieuses fatigues de 1859.

Ils en parlaient gaiement.

Comment, leur disait-on. De la gaieté, de l'entrain dans ces plaines trempées de sang, dévorées par le soleil, jonchées de morts, de blessés, de mourants ? Vous n'y pensiez donc pas ?

On y pensait, mais pas tout le temps.

Et ces malheureux, ces mutilés, abandonnés sans secours dans les vignes de Solférino ? On ne s'en occupait pas ?

On s'en occupait, mais on rentrait content.

Plusieurs de ceux que ces tueries n'avaient pas impressionnés longtemps, mais qui se voyaient repris, à Paris, par le mal d'argent, ennuyés des reproches des leurs, fatigués aussi de leurs loisirs, souriaient à la diversion que l'expédition de Chine leur préparait.

On se précipita, littéralement, vers cette expédition. Les demandes d'engagements furent si nombreuses, que le ministère de la guerre dut trier, choisir.

Le comte d'Hérisson partit comme secrétaire du

général en chef, Cousin de Montauban, futur comte de Palikao. Il fallait savoir le chinois, Hérisson l'apprit, et nous le retrouverons au sac du Palais d'Eté en train de mettre à l'abri des entreprises des soldats les nombreuses épouses du Fils du ciel.

Membre du Jockey-Club au retour de Chine, capitaine de Mobiles en 1870, puis attaché à l'état-major du général Trochu pendant le siège de Paris, Hérisson fut témoin de l'épique entrevue de Jules Favre et de Bismarck, marcha avec les Versaillais contre les Communards avant de passer homme de lettres en publiant son *Journal d'un officier d'ordonnance*.

La fin fut triste pour ce garçon d'ésprit, obligé de travailler pour vivre, qui alla prendre au Congo le commandement des milices indigènes, le quitta, gravement malade, et acheva à Constantine une existence mêlée de près aux événements qui nous occupent.

Napoléon III avait mis à entreprendre la campagne de Chine plus d'insistance que la cour d'Angleterre, assez disposée à ne faire là qu'une démonstration navale. L'empereur avait plus d'une raison de la trouver insuffisante.

Cette nouvelle confraternité d'armes avec les Anglais ne pouvait, pensait-il, que les rendre moins ombrageux quant à son projet de s'annexer Nice et la Savoie. Le Vatican, lui aussi, se montrerait moins irrité contre lui en le voyant prendre en main la cause de la Croix en pays idolâtres.

La vengeance à tirer de la félonie chinoise s'imposait à l'esprit du souverain comme à celui des Français.

Les Chinois ne s'étaient-ils pas moqués à deux reprises, en 1857 et en 1859, de la France et de l'Angleterre en capturant un bâtiment britannique, en torturant un missionnaire français?

Les flottes alliées avaient répondu à ces sauvageries en bombardant Canton, en remontant le Peï-Ho jusqu'à Tientsin, en forçant les Chinois apeurés à ouvrir de nouveaux ports au commerce européen, à payer une indemnité de guerre, à autoriser chez eux le libre exercice du culte chrétien; mais quand les deux ministres de France et d'Angleterre, partis de Shanghaï pour aller à Pékin ratifier le traité, atteignirent l'embouchure du fleuve, ils y furent arrêtés et canonnés par les forts chinois.

C'est pour venger cet outrage, cette déloyauté, que fut résolue, de concert avec l'Angleterre, l'expédition de Chine.

CHAPITRE XXX

LE TRAITÉ DE COMMERCE AVEC L'ANGLETERRE.
LE CHABLAIS ET LE FAUCIGNY.
L'ANNEXION DE NICE ET DE LA SAVOIE.

Plus sensationnel que le mot sur cette expédition fut dans le discours du souverain au 1er mars 1860, le passage relatif au traité de commerce avec l'Angleterre, puis celui concernant les nouvelles circonscriptions survenues dans l'Italie septentrionale.

Le premier de ces passages divisa les Français ; le second atteignit péniblement les Suisses.

L'empereur prenait sur lui toute la responsabilité d'un traité de commerce élaboré un peu mystérieusement et qui rompait avec les traditions de la politique commerciale de la France, affranchissant des droits restrictifs qui les entravaient l'agriculture et l'industrie, supprimant ceux sur la laine et le coton, abaissant successivement les droits prélevés sur d'autres articles.

Par le système des tarifs modérés, comme par la réduction du prix des denrées, l'empereur qui avait, inné, le besoin d'aider les classes nécessiteuses, cherchait à améliorer leur sort, se souciant peu des doléances, des colères et des oppositions soulevées par une révolution économique qui répondait aux idées et au vœu de toute sa vie.

Richard Cobden, l'économiste anglais, qu'il avait appelé aux Tuileries, trouva là un terrain bien préparé. L'accord combiné avec lui fut signé le 28 janvier et rendu public le 10 février.

Les libre-échangistes ne se tinrent pas de joie. C'est un homme de progrès, disaient-ils, un prince humanitaire ; il a fait là un pacte de plus avec la fortune ; il ouvre des voies nouvelles à la richesse nationale.

Il faut qu'il conspire avec quelqu'un, ripostaient les grands manufacturiers. L'année dernière, c'était à Plombières avec Cavour. Cette année, c'est avec Cobden dans son cabinet. La mise en jeu d'intérêts aussi graves, la solution de problèmes si compliqués demandaient pourtant autre chose qu'un complot avec un étranger. Il y a là, de la part de l'empereur, malgré le droit strict que la Constitution lui donne sur ce point, un abus de pouvoir personnel, un vertige de domination dans le silence léthargique de l'opinion.

Dans un autre domaine et pour d'autres raisons que celles des protectionnistes, le ministre de Suisse en France n'eut pas lieu d'être plus satisfait qu'eux du discours du 1er mars.

« En présence, avait dit l'empereur, de la nouvelle circonscription de l'Italie septentrionale, qui abandonnait à un Etat puissant tous les passages des Alpes, il était du devoir de la France d'exiger, dans l'intérêt de la sécurité de ses frontières, la rétrocession des versants français des Alpes. »

Cette rétrocession comprenait l'annexion de la Savoie à la France avec une partie des bords du Léman.

Que devenaient alors le Chablais et le Faucigny, pays neutralisés par les traités de 1564 et de 1815, dont Thonon et Bonneville sont les chefs-lieux ?

Il importait à la Confédération que la neutralité de ce territoire, reconnu terre suisse, fût sauvegardée.

Son représentant à Paris n'avait pas attendu, pour s'en préoccuper, le discours du 1er mars, ayant prévu dès Solférino l'éventualité d'une cession de la Savoie.

Avant même que le bruit de cette annexion eût pris corps, Kern s'était présenté chez le comte Walewski et lui avait rappelé ce que le Conseil fédéral était en droit d'attendre des arrangements en vue.

C'était le 12 août 1859.

Le comte Walewski caressait encore à ce moment-là la pensée d'un Congrès qui réglerait les questions en suspens et fut de bonne foi en répondant à notre ministre qu'il ne serait porté aucune atteinte, quant à la neutralisation du Faucigny et du Chablais, aux stipulations des traités de 1815, auxquels lui, Walewski, était resté fidèle. Son départ et l'arrivée au pouvoir de Thouvenel devaient changer cet état de choses et amenèrent Kern à solliciter une audience du souverain, qui se montra aussi amical pour la Confédération et pour la personne de son représentant qu'il l'avait été dans l'affaire de Neuchâtel.

Kern lui ayant exposé avec tact et décision les intérêts qui se rattachaient pour la Suisse à la question du Faucigny et du Chablais, insista sur la nécessité d'assigner à ce territoire une frontière qui ne laissât pas illusoire sa neutralisation, et aussi sur l'espoir du Conseil fédéral que rien ne serait sanctionné sans entente préalable entre le cabinet des Tuileries et les pouvoirs helvétiques.

Napoléon III répondit que, de toutes manières, l'assentiment des populations savoisiennes, librement consultées, serait réservé, et qu'il serait heureux, quant à lui, de témoigner une fois de plus son amitié pour la Suisse en lui abandonnant le territoire en question.

C'étaient là certainement d'affectueuses paroles, mais Kern, très fin sous son air simple et bon enfant, savait lire entre les lignes et put se demander, encore qu'il ne le dise pas dans ses « Souvenirs » si, en réservant « l'assentiment des populations savoisiennes librement consultées, » l'empereur ne se ménageait pas la porte ouverte d'un vote qui, très certainement, d'après les renseignements reçus, serait favorable à l'annexion pure et simple de la Savoie à la France, ainsi qu'il en advint.

Au lendemain du discours du 1er mars, Kern s'était présenté de nouveau au ministère des Affaires étrangères pour y reprendre avec Thouvenel, successeur de Walewski, le sujet de la cession à un autre pays que la Suisse du Faucigny et du Chablais ; mais les faits rendaient un peu décevants les entretiens diplomatiques ; Kern s'en était vite aperçu, comprenant que sa fermeté, son zèle à défendre les intérêts de la Confédération ne changeraient pas le cours des choses et que, tout en suivant avec une évidente sympathie ses démarches et ses protestations, les chancelleries européennes n'entreprendraient rien de sérieux contre la volonté de Napoléon III.

L'émotion, factice ou réelle, des Savoisiens en apprenant que l'empereur avait parlé d'abandonner à la Suisse le Chablais et le Faucigny, s'était traduite par l'envoi à Paris d'une députation de notables dans laquelle figuraient quelques personnalités de ces deux provinces.

Reçue aux Tuileries le 2 mars, cette députation était « accourue, » disait son président, « des bords du Léman aux vallées du Mont-Cenis, pour exprimer au souverain le bonheur qu'aurait la Savoie à être « tout entière » réunie à la France.

Ce « tout entière, » qui n'avait l'air de rien, était là pour engager l'empereur à ne pas aller, par un démembrement quelconque, contre le vœu des populations qui se donnaient à lui; il était là pour avertir la Suisse que le Chablais et le Faucigny ne souhaitaient pas de lui appartenir, ce que démontrerait d'ailleurs le prochain plébiscite.

« Mon amitié pour la Suisse, avait répondu l'empereur au discours du président de la députation, m'avait fait envisager comme possible de détacher en faveur de la Confédération quelques portions de territoire de la Savoie, mais devant la répulsion qui s'est manifestée parmi vous de voir démembrer ce pays, — il est naturel de déclarer que je ne contraindrai pas au profit d'autrui le vœu de la population. »

Enchanté, le président se tourna vers l'impératrice: « La Savoie est aimante, madame, lui dit-il, elle aime ses princes. Comment ne vous aimerait-elle pas avec entraînement, vous qui êtes couronnée de tant de grâces et de vertus. La Savoie espère que vous l'aimerez aussi. »

Le lendemain du jour où fut ainsi tranchée d'un

mot une question qui touchait notre pays de si près, Kern, accompagné du général Dufour, ayant obtenu une nouvelle audience, étaient amicalement accueillis par l'empereur, auquel ils représentèrent qu'en vertu des traités de 1815, la cession des provinces neutralisées de la Savoie ne pouvait se faire sans l'assentiment de la Confédération. Il leur fut répondu que le vœu des populations savoisiennes ne serait pas contrarié et que ce vœu l'obligeait, lui, l'empereur, à revenir sur ses premières dispositions à l'égard de la Suisse.

Ne se tenant pas encore pour battu, et reçu de nouveau aux Tuileries, le 23 mars, Kern ne réussit pas mieux que la veille à ramener le souverain, convaincu, ou paraissant l'être, qu'ensuite de la répulsion marquée par les conseils provinciaux d'Annecy et de Chambéry pour la cession à un autre pays que la France d'une partie du territoire, un démembrement compromettrait toute l'annexion.

Avant que cette annexion, débattue aux Tuileries, à Berne et à Turin, fût près d'être un fait accompli, celles de l'Italie centrale se précipitaient, y compris la Toscane; et il était devenu évident dès les premières semaines de 1860, que l'empereur n'y contredirait que « diplomatiquement ». Pouvait-il sans manquer à ses principes forcer les Duchés et les Romagnes à reprendre leurs princes et leur Légat? Repousserait-il le vœu des Toscans de se donner au Piémont ? Les Italiens ne le pensaient pas, aimant à se persuader qu'il accepterait les choses en train de s'accomplir dans le centre de l'Italie puisqu'il n'avait pu remplir que la moitié de son programme dans l'Italie septentrionale.

Réclamerait-il, d'autre part, le prix de cette condescendance ?

Le roi et son premier ministre se flattaient que l'arrêt à Villafranca de Napoléon III dans sa marche triomphale serait aussi un temps d'arrêt, mieux peut-être, dans l'accomplissement du désir énoncé à Plombières de s'annexer Nice et la Savoie.

Ne l'avait-il pas fait entendre à Victor-Emmanuel, en manière de consolation après Villafranca ?

Mais en précipitant les événements dans l'Italie centrale, les Italiens avaient hâté dans l'esprit du souverain français la solution qu'ils redoutaient. La violence même de leurs revendications, la désinvolture qu'ils mettaient à tout recevoir et à ne rien donner, l'amertume de leurs plaintes sur ce qu'ils appelaient « l'accord boiteux » de Villafranca, le double jeu de Cavour enfin qui feignait de résister, tout en l'encourageant, à l'action des sociétés secrètes, n'avaient pas été sans indisposer l'empereur, sans modifier son bon vouloir. Sa résolution était prise, très encouragée par son nouveau ministre des Affaires étrangères, Thouvenel, successeur de Walewski.

Esprit à la fois politique et combatif, entièrement dévoué à son maitre, Thouvenel avait des instincts de haute lutte et n'admettait pas que le libérateur de l'Italie pût devenir le jouet des ambitions piémontaises. N'avait-il pas dans sa main l'avenir de la péninsule ?

Entretenu dans un ordre d'idées qui répondait à son désir, l'empereur se décida à se montrer plus exigeant après Solférino qu'après Sébastopol, devança le vœu de la députation savoisienne, annoncée pour le 2 mars, et dépêcha à Turin, le 20, Benedetti, directeur du département politique au ministère des Affaires étangères, avec la mission d'assister le baron de Talleyrand, ministre de France, de reprendre immédiatement avec Cavour la question de Nice et de la Savoie et de ne revenir à Paris qu'avec le traité dûment signé.

Victor-Emmanuel, alors à Milan, rentrait du bal que le municipe lui avait offert et descendait de voiture, avec Cavour, à deux heures du matin, dans la cour du palais-royal, quand M. de Talleyrand se présenta et fut reçu par Cavour, plus pressé d'aller se coucher que flatté d'une communication qui détruisait ses espérances et sonnait un peu comme une mise en demeure.

Informé du rappel prochain des troupes françaises

restées en Lombardie, Cavour s'en montra aussi peiné que surpris, mais ne se laissa pas démonter par la question plus capitale des provinces à céder.

« L'empereur, fit-il d'un ton détaché, tient donc beaucoup à la Savoie et à cette malheureuse ville de Nice ? »

« Sa Majesté y tient au point, répondit Talleyrand, de considérer la chose comme faite. »

Il fallut se rendre, mais si maître de lui que fût le madré ministre, il traversa, visiblement abattu, les heures d'impuissants soucis qui précédèrent la signature, le 24 mars, du traité de Turin. Il eut même quelque peine à se ressaisir quand vint le moment de mettre son nom au bas de l'acte qui livrait à la France le comté de Nice et le berceau de la dynastie de Savoie. Il ne redevint lui-même que lorsque tout fut terminé, gardant encore le faible espoir que l'isolement politique dans lequel les méfiances éveillées par ce traité allaient mettre l'empereur, le ferait réfléchir.

CHAPITRE XXXI

L'ANGLETERRE ET LE TRAITÉ DE TURIN. EN SYRIE. — LES ITALIENS APRÈS VILLAFRANCA ET LE TRAITÉ DE TURIN.

N'ignorant pas qu'au mécontentement des Italiens et à la déception des Suisses allait se joindre l'animosité jalouse de l'Angleterre, Cavour se laissait aller à la pensée d'un revirement encore possible dans les projets de Napoléon III. L'Angleterre, en effet, n'était pas restée muette en présence des tractations engagées. La Chambre des lords vitupéra; lord Grey y dénonça l'immoralité d'un contrat criminel. Lord Shaftesbury déclara que ce trafic des droits de l'homme en Savoie devrait être aussi sévèrement réprimé que le trafic de la chair humaine. La reine Victoria, son mari, ses ministres, en pleine communauté de sentiments avec la Chambre des lords, ne virent plus qu'un adversaire dans leur allié de Chine et de Crimée. — « Nous avons été complètement dupés, avait écrit la reine, dès le 5 janvier 1860, à lord John Russell. Le retour à l'alliance anglaise, à la paix universelle, à la fraternité commerciale, n'était qu'autant de masques pour cacher à l'Europe une politique de spéculation. »

Les objurgations ne pouvant suffire aux ministres anglais, ils s'efforcèrent d'ameuter les chancelleries contre l'éventualité d'une cession dont le bruit se faisait persistant; mais tel était alors le prestige de Napoléon III; si forte, si incontestée était sa prédominance dans le monde, que ces tentatives restèrent sans effet, aucune cour ne se souciant de se mettre mal avec lui. Le prince-régent de Prusse ne fut pas loin pourtant de voir dans le projet de cession une menace pour les provinces du Rhin, mais se borna à le regretter, le cabinet de Vienne, en train de faire amitié avec celui des Tuileries, étant resté aussi sourd que la Russie aux doléances de Londres et aux efforts personnels de la reine Victoria, mal résignée à ce qui allait se faire. Son irritation ne fit que s'accroître en voyant l'empereur partir en guerre quelques mois plus tard pour venger en Syrie des massacres dont l'opinion publique en France se préoccupait vivement.

« L'agitation continuelle de notre voisin, écrit-elle le 8 mai au roi des Belges, et les bruits qui circulent détruisent notre confiance. Vraiment, c'est par trop mal! — Il faut qu'elle (la France) trouble tous les coins de la terre, qu'elle brouille les cartes, et mette les uns contre les autres. Ce qui tôt ou tard finira par une croisade contre ce perturbateur universel. »

Que s'était-il donc passé, en outre de la cession de Nice et de la Savoie, pour que la souveraine anglaise aille jusqu'à traiter de « perturbateur universel » celui qu'elle avait proclamé si haut son plus fidèle allié ?

Il était survenu dans les montagnes du Liban, puis dans les villes et villages des plaines et bientôt, en juillet 1860, dans les rues de Damas, par les Turcs eux-mêmes, complices des Druses, une prise d'armes contre les populations chrétiennes de ces parages. Attaquées, le 29 mai 1860, par les Druses, ces populations, livrées sans défense à la cruauté de leurs agresseurs, avaient abandonné leurs champs, leurs demeures, fui vers Beyrouth, s'entassant à Damas dans les khans et les églises, sous l'œil compatissant d'Abd-el-Kader et de ses Algériens, qui firent tout pour prévenir le massacre redouté ; mais l'émir ne put qu'ouvrir un passage, quand le carnage éclata, aux consuls, aux sœurs de charité, et les recueillir dans sa maison.

Il y eut là, — les Turcs s'y employant avec les raffinements de leur cruauté, — six jours de pillages, de mutilations, de tueries, d'enlèvements de femmes violées ou emmenées dans les harems.

Paris en fut informé par le *Moniteur* du 18 juillet

1860, pressentant bien qu'un tel attentat trouverait son vengeur au château de St-Cloud, où l'émotion fut grande, où la pitié, l'indignation, s'ajoutant au glorieux souvenir des traditions françaises, ne tardèrent pas à se traduire en de viriles résolutions.

L'expédition de Syrie doublerait celle de Chine; et il ne déplaisait pas à l'empereur, alors que l'Eglise mettait en suspicion sa fidélité, de se faire en Turquie comme chez les Chinois le protecteur des chrétiens persécutés.

Le sultan Abd-ul-Medjid sentit le danger et tenta d'y parer.

« Je tiens, écrivait-il le 16 Juillet à Napoléon III, à ce que Votre Majesté sache bien avec quelle douleur j'ai appris les événements de Syrie. Qu'elle soit convaincue que j'emploierai toutes mes forces pour rétablir l'ordre et la sécurité, punir les coupables quels qu'ils soient et rendre justice à tous. »

Sans compter beaucoup sur la promptitude et l'efficacité de cette justice, l'empereur communiqua ses impressions aux grandes puissances, souhaitant n'aller en Syrie qu'avec leur concours, mais se heurta à la résistance et aux susceptibilités de la cour d'Angleterre, convaincue que ces ouvertures cachaient quelque arrière-pensée de conquête en Orient. L'empereur, s'en rendant compte, mit à dissiper ces méfiances son sens politique et son habileté au moyen d'une lettre à son ambassadeur à Londres; lettre qui fut publiée par les journaux anglais et fit sensation dans le pays, où son intervention personnelle remporta une fois de plus le succès espéré.

Revenue du premier mouvement qui lui avait dicté sa lettre du 8 mai au roi des Belges, la reine Victoria fut ramenée par la lettre du 29 juillet dans laquelle le souverain français, par l'entremise de son ambassadeur, tendait la main à l'Angleterre.

« Entendons-nous loyalement, écrivait-il, comme d'honnêtes gens que nous sommes et non comme des larrons qui veulent se duper réciproquement. Je désire que l'Italie se pacifie, n'importe comment, mais sans intervention étrangère, et que mes troupes puissent quitter Rome sans compromettre la sécurité du pape. — J'avais renoncé, disait-il en commençant, à Nice et à la Savoie; l'accroissement extraordinaire du Piémont me fit seul revenir sur le désir de voir réunies à la France deux provinces essentiellement françaises. — Quant aux massacres de Damas qui, disait-il encore, « m'ont transporté d'indignation, » sa première pensée avait été de s'adresser à l'Angleterre et de ne pas faire seul une expédition à laquelle il renoncerait volontiers; mais l'opinion en France ne serait plus avec lui et ne comprendrait jamais « qu'on laisse impunis non seulement le meurtre des chrétiens, mais l'incendie de nos consulats, le déchirement de notre drapeau, le pillage des monastères qui étaient sous sa protection. »

Cet heureux langage valut à l'empereur la réalisation de son vœu.

Réunies avec la Porte en conférence à Paris, les cinq puissances, par la convention du 5 septembre 1860, stipulaient l'envoi en Syrie d'un corps de 12,000 hommes dont le gouvernement français fournirait la moitié. La durée de l'occupation des troupes européennes serait de six mois.

Pendant que Napoléon III triomphait en Savoie et à Nice, en Chine et en Syrie des méfiances britanniques, conciliateur et patient dans son attachement à l'ombrageuse alliance anglaise, Victor-Emmanuel et son premier ministre, comprenant bien que, malgré son mauvais vouloir, l'Angleterre n'irait pas jusqu'à se brouiller avec Napoléon III, n'avaient pas cherché à se dérober aux clauses du traité de Turin et se résignaient à les subir ; cela avec d'autant plus de raison qu'un retour offensif de l'Autriche dans l'Italie septentrionale ne manquerait pas de se produire au cas où le souverain français retirerait son appui au Piémont.

Restait la chance douteuse d'un plébiscite défavorable à l'Empire, mais Cavour s'y était moins arrêté que la Confédération suisse, sachant bien qu'il n'en serait rien.

Le Conseil fédéral avait compté que l'option du Faucigny et du Chablais se ferait entre la France, la Suisse et le Piémont, tandis qu'elle n'eut lieu qu'entre la France et le Piémont, le 22 avril, avec le succès attendu par la France et sans qu'il fût tenu compte des revendications du Conseil fédéral, dont les puissances signataires du Congrès de Vienne se contentèrent d'enregistrer les notes et les protestations.

Si les Suisses furent tout tristes de penser en regardant le Mont-Blanc, — c'est le publiciste Doudan qui le note dans son Journal, — qu'il était devenu français, les Italiens ne le furent pas moins de la cession de Nice et de la Savoie.

Encore que déçus et froissés après Villafranca, puis après le traité de Turin, ils n'avaient pas perdu tout de suite le souvenir de ce qu'ils devaient à Napoléon III, qui de son côté, estimait avoir quelque droit à leur reconnaissance ; ils n'en trouvèrent pas moins dur d'avoir à s'acquitter par l'abandon de deux provinces.

Convaincus qu'ils s'étaient libérés au delà de ce qu'ils devaient, ils s'envisageaient par cela même comme n'étant pas tenus à une gratitude exagérée. Tout en se rendant compte que l'esprit politique de la maison de Savoie et le génie de Cavour n'auraient pas suffi pour les amener au maître piémontais qu'ils souhaitaient d'avoir, et que, seul, l'appui de la France pouvait les unifier, les Italiens ne devaient pas s'incliner longtemps devant un libérateur qui prétendait régler en arbitre les affaires de leur pays entrées si rapidement dans une phase révolutionnaire. Ne s'était-il pas arrêté à mi-chemin, laissant l'Autriche à Venise et le pape au Vatican? Qu'était devenu son programme de l'Italie « libre des Alpes à l'Adriatique? »

Les préliminaires de la paix de Villafranca étaient à peine ratifiés à Zurich, que tous dans la péninsule se disposaient à les violer, princes, ministres et hommes d'Etat, militaires, politiciens, diplomates et sectaires, si bien qu'en très peu de temps le refroidissement s'affirma, les Tuileries rappelant ce qu'elles venaient de faire, la péninsule se lassant de se l'entendre dire. Mécontents, les Italiens se découvrirent lésés, victimes d'un rêveur à la fois conservateur et révolutionnaire, préoccupé de ne contrarier ni sa femme, ni le pape, ni le carbonarisme, et qui finalement manquait à sa parole.

On forcerait la main à cet allié peu sûr. Il serait procédé par tranches; et sa combinaison d'on ne sait quel royaume de la Haute-Italie sous le sceptre de Victor-Emmanuel, d'on ne sait quelle Confédération d'Etats italiens sous la présidence du pape, ne serait plus qu'une songerie; car de nouveaux hommes s'étaient levés dans la « Jeune Italie, » plus ardents, plus pressés que ceux de la veille.

Si l'annexion de la Lombardie, œuvre insuffisante de Napoléon III, était due à ses forces militaires, l'action des sociétés secrètes, subventionnées par le Piémont, achèverait ce que l'empereur n'avait fait qu'ébaucher et dégagerait peu à peu la nation des liens de Villafranca. Le Midi lui donnerait ce qu'on refusait de lui laisser dans le Nord; et puisqu'il n'était pas permis à Venise et à Rome de saluer comme leur roi Victor-Emmanuel, l'Italie prendrait sa revanche en Sicile et à Naples. N'avait-elle pas là-bas Crispi, Garibaldi; ardente incarnation de l'unité de la péninsule par l'action révolutionnaire?

CHAPITRE XXXII

A PARIS. — AUX TUILERIES. — A BADE.

Pendant que cette action se propageait, plus ou moins secrète et bientôt victorieuse, l'activité nationale, stimulée par Napoléon III, prenait en France un développement considérable. Dans tous les domaines se faisait sentir l'intelligente initiative du souverain, alors à l'apogée de son règne. Son prestige est universel, sa volonté fait loi; il dirige les événements, règne et gouverne avec décision et générosité. Il a ses agents officiels et ses agents secrets, se sert de la presse, dont il reconnait l'influence, en inspire d'importants articles. Aussi attentif à la politique étrangère qu'à celle de l'intérieur, il mène de front les affaires de France et celles de l'Italie, veille aux complications qui ont surgi avec l'Eglise à Paris, à Rome et à Turin. Il travaille avec Cobden au traité de commerce avec l'Angleterre, prépare l'annexion de Nice et de la Savoie, médite le pas qu'il y aura à faire, et qu'il fera l'année suivante, par le décret du

21 novembre 1860, dans la voie, plus élargie, de la liberté politique.

Son esprit travaille sans cesse; ce qu'on a peine à croire en le voyant aux Tuileries, au Bois, partout où il se montre; car ses traits ne se sont pas animés, son regard reste terne, sa démarche est traînante; il a dans le calme impassible de sa physionomie, de sa tenue, de son abord, quelque chose de vague et de lassé qui est bien étranger à sa vie laborieuse.

Par ses traités de commerce, par l'établissement continu de nouveaux canaux, de nouvelles routes, de nouvelles voies ferrées, il cherche à faciliter aux industriels et aux agriculteurs les moyens de communication, les relations d'affaires, l'écoulement des produits. Le mouvement du commerce général n'est pas moins extraordinaire que celui du commerce intérieur, monté bientôt de douze cent millions à six milliards et demi.

« La politique commerciale, inaugurée en 1860, qui fut si féconde en heureux résultats, dira sous la Troisième République un de ses plus distingués ministre des Finances, Léon Say, nous a fait un bien dont nous jouissons comme on jouit de la santé, sans pour ainsi dire nous en apercevoir. »

Paris, aussi fier de lui-même que des hauts faits de l'armée et de la marche des affaires, se regardait; assaini, inondé d'air et de lumière, dans ses embellissements et ses transformations, dans l'éclatante intensité de sa vie de travail et de plaisirs. N'était-il pas devenu comme la capitale de l'Europe ?

Non moins occupé des coins perdus et miséreux que des quartiers opulents, l'empereur veut créer des squares, donner de l'eau, des fleurs, de la verdure là où s'amoncellent des taudis infects. Il crée les parcs de Vincennes et de Montsouris. Granier de Cassagnac l'a trouvé travaillant dans son cabinet des Tuileries devant un immense plan de Paris.

« Vous me voyez, lui dit l'empereur, en train de transformer le bois de Vincennes. »

Dans cette œuvre colossale d'art, de philanthropie et de salubrité qui transforma Paris, l'empereur eut cette fortune d'avoir sous la main des hommes comme Haussmann et Alphand; mais — ce dernier, fonctionnaire, plus tard, de la Troisième République, ne craignait pas de le rappeler. — « C'est à Napoléon III, disait-il, que revient l'idée première, originelle des transformations de Paris. »

Ces transformations, à propos desquelles Haussmann écrit trop modestement qu'il eut le seul mérite d'avoir réalisé les plans du souverain, n'allèrent pas sans des bouleversements qui soulevèrent des polémiques ardentes. Jules Ferry, en 1873, les utilisa pour corser son programme et soutenir son élection.

« Paris, disait-il dans sa profession de foi, a particulièrement souffert des fantaisies du pouvoir personnel. Le système de démolitions qui pèse sur nous depuis quinze ans, aboutit à une impasse. »

Prévost-Paradol trouva mieux encore et déclara qu'il fallait prendre le deuil puisque Haussmann vivait encore. D'autres allaient disant : « Démolisseur d'une part, bâtisseur de l'autre, Haussmann est un vandale; il construit de hautes maisons quand il devrait habiter les « petites. »

Haussmann se prêtait avec un sourire à la fois narquois et paternel à l'ardeur que mettaient à s'essayer sur lui comme sur une « tête de Turc » les jeunes adversaires en passe d'arriver par leur opposition et leur intelligence. Il n'était pas plus facile de le réduire que de lui faire froncer le sourcil; mais ce fut comme une mode de lui « taper dessus; » et Léon Say lui-même, le remueur de millions, le futur homme d'Etat, le statisticien, l'économiste, l'orateur original et fin qui devait illustrer aux premiers emplois la Troisième République, prit plaisir à ce petit jeu et y alla de quelques coups de poing.

Une de ses rencontres avec Haussmann dans les salons officiels du nouveau régime où le « grand préfet » ne se montrait que très rarement, nous est encore présente.

C'était à la présidence de la Chambre, dans un de ces couloirs étroits formés par deux rangées de chaises à l'usage des invités et où il est aussi difficile, quand la fête bat son plein, d'avancer que de reculer. Haussmann et Say s'y étaient engagés en sens contraire et se croisèrent devant nous. « Eh bien, monsieur le baron, dit Léon Say, ce n'est plus tout à fait cela! » — « Chacun son tour, répondit Haussmann, souriant et détaché. Le vôtre ne durera peut-être pas ce qu'a duré le mien. »

Ayant épousé les querelles de la « dynastie des Bertin, » du *Journal des Débats*, Léon Say avait vu se fermer devant lui le chemin du pouvoir et des honneurs. Il se rattrapa à la chute de l'Empire, devenu rapidement par la séduction de son esprit, ses hautes capacités, son mariage, sa fortune, une des personnalités les plus en vue. Sa fastueuse hospitalité ajouta à ses succès. Aidé par une femme charmante et distinguée, il donna au Louvre, comme ministre des Finances, des réceptions, des fêtes que firent célèbres leur organisation artistique et leur magnificence.

Comme la plupart des entreprises d'Haussmann, son projet d'amener à Paris par un aqueduc les eaux de la Dhuys et de la Vanne, valut au « grand préfet » un surcroit de sarcasmes et d'anathèmes auxquels il ne prenait pas garde, se sentant appuyé par Napoléon III. Rallié cependant à la démocratie césarienne qui le dotait de deux nouvelles provinces, lui apportait la fortune des armes et la prospérité, l'ensemble du pays célébrait le traité de Turin comme une gloire nationale avec l'orgueil de la prédominance acquise au règne de Napoléon III, devenu l'homme dont tout le monde s'occupe, que tous les princes sont désireux de connaître.

Les deux impératrices de Russie toutefois y tenaient moins que les autres, — nous avons vu la femme d'Alexandre II peu pressée d'aller voir à Stuttgart le triomphateur de la guerre de Crimée.

Plus vivement encore que sa belle-fille, l'impératrice Alexandra Fedorowna, mère d'Alexandre II, se souvenait des défaites de la Russie, des souffrances et des humiliations auxquelles elle attribuait, non sans raison, la mort de Nicolas Ier. Elle venait de séjourner à Villefranche et devait s'arrêter à Lyon le 1er juin, en retournant chez elle.

Napoléon III ne pouvait, d'autre part, oublier qu'il devait à l'alliance russe une partie des succès de la guerre d'Italie, et que sans la neutralité promise par Alexandre II, il aurait vu se dresser l'Angleterre devant lui. Le voyage de la tsarine offrant le prétexte d'une attention à laquelle Alexandre II serait sensible, il fut décidé que les souverains français iraient la saluer à Lyon.

Alexandra Fedorowna n'aurait pas été, paraît-il, sans faire effort pour répondre à cette prévenance, mais tout se passa bien, notamment pour les Lyonnais, enchantés de l'aubaine, et qui firent au couple impérial un succès que le maréchal de Castellane, commandant militaire de Lyon, raconte dans son Journal en observateur.

Non moins réussi, et plus politique encore, fut quelques jours après, le voyage à Bade de Napoléon III.

Informé de l'état d'esprit dans lequel la guerre d'Italie et l'annexion de Nice et de la Savoie avaient laissé l'Allemagne, Napoléon III prit spontanément l'initiative d'une visite qui pourrait lui ramener les sympathies allemandes.

Amené à croire que l'empereur ne se contenterait pas d'avoir rectifié sa frontière du sud-est, et qu'il chercherait aussi à changer celle de l'est, le sentiment public des Allemands s'était surexcité. — « De là, écrivait à son père, le maréchal de Castellane, la comtesse de Beaulaincourt, alors à Berlin, haine, inquiétude, méfiance. — Les affaires d'Italie produisent un grand effet et contribuent à augmenter l'irritation contre la France. »

Le prince-régent de Prusse, qui n'avait pas attendu d'y être poussé par la cour d'Angleterre pour prendre ombrage de la politique étrangère de son puissant voisin, se trouvait alors à Bade avec sa femme, la future impératrice Augusta ; l'empereur résolut d'aller les voir, heureux d'y rencontrer aussi les princes allemands disposés à s'y rendre.

Ce serait avec l'Allemagne représentée par ses chefs quelque chose comme la contre-partie de l'entrevue de Stuttgart.

Tous répondirent à une ouverture dont l'imprévu surprit les chancelleries; et l'empereur trouva à Bade, encombré de voyageurs de marque accourus pour le voir, un véritable congrès d'Altesses et de Majestés : les princes de Hohenzollern et de Furstenberg, le grand-duc et la grande-duchesse de Bade, le duc de Nassau, les grands-ducs de Hesse-Darmstadt et de Saxe-Weimar, les rois de Saxe, de Hanovre, de Bavière et de Wurtemberg. Il y eut là d'intéressantes réunions, de brillantes festivités; l'empereur, dont le succès fut considérable, ne parut nullement prêt à se jeter sur l'Allemagne et rentra à Fontainebleau salué par une forte hausse à la Bourse de Paris.

Faisant allusion aux heureux résultats de ce rapide et significatif voyage, le *Moniteur* du 19 juin donna à entendre qu'il était entré plus que de la courtoisie dans les rapports réciproques des membres de cette auguste réunion. « Il ne fallait rien moins, disait-il, que la spontanéité de ce déplacement pour faire taire un concert unanime de bruits malveillants et de fausses appréciations. »

Naturel et simple avec les grands, l'empereur

aimait à se faire accessible aux petits, se préoccupait de leur situation, abordait à ce point de vue tous les problèmes sociaux. Dans sa constante sollicitude pour les travailleurs nécessiteux, il entrait un peu de cette espérance qu'en cherchant à jeter quelque lueur dans leur existence dépourvue, qu'en parant autant que possible aux chômages résultant de la vieillesse et de la maladie, qu'en leur donnant des demeures moins malsaines et de bons livres à lire dans les bibliothèques à leur usage, il arriverait peu à peu à relever le niveau de leur condition sociale en même temps qu'à abaisser celui de la criminalité. C'est dans ce sens qu'il comprenait la démocratie césarienne dont il était la personnification. Le peuple le sentait et le lui témoigna par ses acclamations faubouriennes même à la veille des élections défavorables de 1863, comme pour marquer par cette contradiction qu'il entendait mettre le souverain au-dessus de son gouvernement.

Sa parole à ce sujet dans un de ses messages avait été au cœur de la foule : « Le peuple ne me rend pas responsable de ses souffrances parce qu'il sait que toutes mes pensées, tous mes efforts, toutes mes actions tendent à améliorer son sort. »

CHAPITRE XXXIII

GARIBALDI ET VICTOR-EMMANUEL. — CRISPI. FRANÇOIS II.

Napoléon III était parti pour Bade sous l'impression d'une audience sollicitée par les envoyés du roi de Naples et dont l'issue l'avait troublé.

Venus à Fontainebleau pour lui exposer les difficultés dans lesquelles François II se débattait, avec l'espoir aussi d'obtenir son appui, le marquis Antonini et M. de San Martino s'aperçurent vite que la cause de leur maître était bien compromise aux yeux de l'empereur des Français.

« Pourquoi, leur dit-il, n'avoir pas suivi mes conseils en temps utile ? Il ne reste maintenant d'autre ressource au gouvernement de Naples que de donner l'autonomie à la Sicile, une constitution au royaume de Naples et de chercher à s'entendre avec le Piémont. Si vous avez assez de force pour réduire la révolution, je serai le premier à applaudir à votre succès, mais si vous êtes faibles, comment pourriez-vous vous sauver sinon par des concessions ? »

« Le roi Ferdinand II, reprit le marquis Antonini avec un accent plein de tristesse et une nuance de reproche, a été le premier à reconnaître l'Empire restauré; et Votre Majesté me dit alors que les Bourbons de Naples pourraient compter, en cas de besoin, sur sa gratitude. »

L'empereur resta silencieux et leva l'audience, marquant ainsi qu'il ne voulait ou ne pouvait rien faire pour le fils de celui qui avait été le premier à saluer son avènement.

Elle commençait à gronder, la tempête qui allait emporter le trône napolitain, condamné par la révolution et sacrifié d'avance à l'unité de la péninsule.

Sans attendre d'y être encouragé par Turin, Garibaldi veillait au grain, rêvait de soulèvements aventureux et de conquêtes prochaines, maudissant Napoléon III, l'accord de Villafranca et le traité de Turin. Outré du consentement de Victor-Emmanuel à la cession de Nice et de la Savoie, — surtout de celle de Nice dont il était originaire, — il tenait pour dérisoire la libération du pays avec le pape à Rome et les Bourbons à Naples ; ne se consolant de voir sa ville natale cesser d'être italienne qu'à la pensée de se rattraper sur les Etats pontificaux, « fumier romain, » sur lequel il allait montrer Pie IX s'amusant à condamner dans le *Syllabus* les hérésies sociales.

Adversaire, déclaré maintenant, du ministre qui a vendu Nice à l'empereur des Français, Garibaldi entend ne plus rien avoir de commun avec Cavour et laisser Victor-Emmanuel en dehors de sa prochaine action. Cette action s'accomplira à son heure, avec l'aide de ses vieux compagnons d'armes et des jeunes gens enthousiastes qui ne demandent qu'à le suivre. N'a-t-il pas, en Sicile, pour y préparer les voies, l'habile homme qu'est Crispi ?

Le roi ne serait prévenu qu'une fois les préparatifs achevés et après le départ de Gênes.

« Je sais que je m'embarque dans une entreprise dangereuse, écrira-t-il à Victor-Emmanuel, mais je mets ma confiance en Dieu, ainsi que dans le courage et le dévouement de mes compagnons. — Si nous réussissons, je serai fier d'orner la couronne de Votre Majesté de ce nouveau et peut-être plus brillant joyau, à la condition toutefois que Votre Majesté s'opposera à ce que ses conseillers cèdent cette province à l'étranger, ainsi qu'on l'a fait pour ma ville natale. — Je n'ai pas communiqué mon projet à Votre Majesté; je craignais, en effet, que par suite de mon dévouement à sa personne, Votre Majesté ne réussit à me persuader d'y renoncer. »

Tout y est dans cette lettre : le coup de dent à Cavour, le dévouement conditionnel de l'illustre condottiere à la personne du roi, sa résolution d'agir sans lui et la preuve, souvent contestée, que Victor-Emmanuel était loin d'avoir poussé à l'expédition de Sicile.

Trop avisé pour s'engager, le roi trouvait son compte à laisser aller les choses, se réservant d'en profiter en cas de succès et de les désavouer si elles prenaient une mauvaise tournure. Ne pourrait-on pas, sans jeter le masque, utiliser le concours du héros populaire et désintéressé dont la parole enflammait les imaginations et que les masses tenaient pour un être exceptionnel ? A Cavour reviendrait le soin de calmer l'émotion des chancelleries, de s'arranger à ce que les froncements de sourcils de Napoléon III ne se fassent pas trop menaçants, de répondre enfin aux réclamations de la diplomatie napolitaine. « Nous ne pouvons calmer l'élan national, répondra Cavour à cette dernière, après le succès du débarquement à Marsala. Je ne vois d'ailleurs pas pourquoi mon roi défendrait le vôtre contre ce que veulent ses sujets. »

Cavour donnera bien à l'amiral Persano l'ordre officiel d'arrêter la flottille garibaldienne, mais en lui recommandant en confidence de naviguer autant que possible entre les bâtiments garibaldiens et les croiseurs napolitains. Persano est intelligent, saura lire entre les lignes, manœuvrer entre les navires, arriver à point devant Palerme et passer nuitamment au dictateur des armes et des munitions.

Avant la déclaration de la guerre, en 1858 et 1859, Cavour avait coutume de dire : Rien ne peut se faire sans Napoléon III. Il le disait encore, plus discrètement, mais tout en continuant à le dire, il se préparait à s'en passer, feignant de blâmer publiquement ce à quoi il n'était pas éloigné de donner l'impulsion, stimulé lui-même par Crispi, qui ne cessait de lui rappeler que le moment de se laisser forcer la main était proche.

Que ferait Napoléon III en qui le roi de Naples espérait encore, même après l'audience du 12 juin à Fontainebleau ?

Toutes les cours de l'Europe avaient les yeux sur l'empereur; celles d'Autriche, de Prusse et de Russie restées favorables à François II, celle d'Angleterre ouvertement sympathique au mouvement insurrectionnel qui entraînait la Sicile sur les pas de Garibaldi. Les vaisseaux de guerre anglais n'allaient-ils pas se ranger de manière à contrarier le feu de la flotte napolitaine ?

Stupéfiant pour le gouvernement de Naples, approuvé ou décrié en Europe, le débarquement de Marsala avait d'abord un peu déconcerté l'opinion publique en France, où il allait devenir évident que le souverain, se bornant à protéger le pape, s'en tiendrait ailleurs au principe de non-intervention, suivrait, sans vouloir les diriger, les événements de l'Italie méridionale, laisserait tomber le roi de Naples et s'accomplir l'unité de la péninsule. Blâmé de cette attitude par les légitimistes français, il se sentait encouragé à la garder, notamment dans la *Revue des Deux Mondes,* par des publicistes acquis aux entreprises garibaldiennes.

Ces entreprises, auxquelles le monde officiel en France se montra peu sympathique, Victor-Emmanuel les suivait du coin de l'œil et n'apprit pas sans un peu de scepticisme l'embarquement de Garibaldi et de ses volontaires, dans la nuit du 5 au 6 mai 1860, sur deux navires pris à la Compagnie Rubatino.

Un mot de lui, à cette occasion, aurait donné la note exacte de ses relations avec celui que l'esprit public, la presse et les estampes d'alors montraient comme un frère d'armes, marchant d'âme et de cœur avec son roi, la main dans la main.

La vérité est que Victor-Emmanuel se servit, sans beaucoup s'y attacher, du soldat populaire, un peu familier et assez mauvaise tête qu'était Garibaldi, auxiliaire plus utile que sympathique, et qui pouvait devenir gênant.

Cependant, et avant que se préparât à Gênes le départ pour Marsala, Crispi était clandestinement débarqué en Sicile où sa première femme, une blanchisseuse, Rosalie Montmassa, lui avait servi d'éclaireur à Messine.

Nous avions laissé Crispi quittant Paris précipitamment pour ne pas être ramassé dans la rafle de réfugiés italiens que la police était en train d'opérer au lendemain de l'attentat du 14 janvier 1858.

Nous le retrouvons, au lendemain de Solférino et de Villafranca, devenu aussi gallophobe que Mazzini et regrettant avec amertume qu'il ait fallu en passer par Napoléon III. Comme Mazzini, il eût préféré à cette intervention la seule mise en mouvement des forces révolutionnaires et se prépara à n'avoir recours qu'à ces forces-là pour insurger les Deux-Siciles. Il avait coutume de dire, sur la fin de sa vie agitée, qu'il n'y avait eu en ce siècle que trois conspirateurs : lui, Mazzini et Napoléon III; et que, puisqu'il avait fallu, pour le nord de l'Italie, avoir recours au fâcheux vainqueur qu'était l'empereur des Français, il s'était chargé de démontrer dans le midi qu'il avait été, lui, le vrai conspirateur.

Nous le voyons, en effet, parcourant la Sicile entreprenant, persuasif, toujours sur la brèche, ferme dans le projet, dont aucun péril, aucune difficulté ne pourront le détourner d'aller au moins à Palerme et à Naples, puisque Rome, ensuite de l'impérieuse volonté de Napoléon III, devait rester au pape.

Le haine des Bourbons de Naples le dévore.

Il a, dès 1848, conspiré contre Ferdinand II, qui se tenait enfermé dans un système étroit d'entraves et d'ignorance, concentrant dans sa main de fer l'action gouvernementale.

Du fond de son immense palais de Caserte, ce prince résistait au flot montant des conspirations, des attentats et des émeutes.

On l'appela le « roi Bomba. »

A sa mort, survenue le 22 avril 1859, alors que la guerre d'Italie s'annonçait prochaine, inévitable, la presse italienne salua avec allégresse la disparition de « Tibère, » pendant que le nouveau roi, dans sa proclamation d'avènement, exaltait la mémoire d'un père et d'un souverain dont on ne pourrait jamais assez célébrer « les vertus héroïques et les mérites sublimes. »

Ces sentiments l'honoraient sans rassurer l'esprit public, conduit à penser par cet appel enthousiaste à la mémoire du feu roi que son système de gouvernement, ses allures antilibérales ne prendraient pas fin avec son règne.

A peine monté sur le trône, François II put se rendre compte des périls que préparaient pour lui les victoires de Magenta et de Solférino.

Sans se départir de sa neutralité pendant la campagne de 1859, il souffrit de ses résultats, acculé bientôt à ce dangereux dilemme : repousser les réformes et les concessions réclamées par les libéraux et conseillées par Napoléon III, ou donner une Constitution et s'entendre avec Victor-Emmanuel, reconnu roi de l'Italie du nord, pendant que le pape continuerait à régner sur les Etats romains et que, lui, François II, gouvernerait les Deux-Siciles.

Un instant, les chancelleries crurent qu'il en serait ainsi, l'empereur des Français paraissant le désirer, mais ce ne fut qu'un instant ; Mazzini, Garibaldi, Crispi et les patriotes italiens qui marchaient à leur suite entendant ne pas désarmer.

« Lâcheur » aux yeux des légitimistes français et de ses partisans napolitains s'il s'alliait au roi de Sardaigne et pactisait avec l'émeute ; « tyran aveugle et sourd » aux yeux des libéraux si les germes de trahison qui commençaient à poindre et le travail souterrain des partis qui sapaient le trône ne l'éclairaient, ne l'avertissaient pas, François II se sentait surveillé au nord par les forces piémontaises et menacé au sud par les agissements révolutionnaires. Sans alliés au dehors, bien que suivi avec intérêt par la plupart des grandes cours ; insuffisamment appuyé au dedans, il se voyait en face d'une situation que le silence de Napoléon III, le mauvais vouloir des ministres anglais, les intrigues de cour, les conseils contradictoires des partis allaient compromettre irrémédiablement. Tendre la main, inutilement peut-être, au pays où se préparaient les armes qui devaient le frapper, était pour François II la plus dure des acceptations; il ne pouvait s'y décider, sentant bien que cette démarche ne le sauverait pas malgré le conseil de Napoléon III, vers lequel ses regards se tournaient encore et qui restait son dernier espoir. Bien avant l'audience accordée à Fontainebleau aux envoyés napolitains, l'empereur avait recommandé à François II de se résigner aux concessions, « à beaucoup de concessions, promptement et de bonne foi. »

Des concessions? disait Crispi. L'empereur veut rire. C'est de déchéance qu'il s'agit; et il y travaillait, certain de mieux réussir sous François II que sous « le roi Bomba. »

Il parcourt la Sicile, agite les populations, informe Cavour, avertit Garibaldi, s'entend avec les comités révolutionnaires des grandes villes de la péninsule, s'abouche avec les proscrits, trouve des hommes et de l'argent. Epuisant toutes les ruses, il activera sa propagande, provoquera des émeutes sans s'arrêter au sang qu'elles coûtent, couvrira les murs de placards où se liront ces deux mots en lettres flamboyantes : « Italia et Vittorio-Emmanuele. »

CHAPITRE XXXIV

AU PALAIS ROYAL DE NAPLES. — DEUX NEUCHATELOIS EN SICILE.

L'épopée garibaldienne est proche, triomphale pour Crispi, glorieuse pour Garibaldi, stupéfiante pour le gouvernement de Naples, bien dérangeante pour nous.

Nous venions précisément de passer quelques semaines à Naples, où rien ne faisait pressentir une secousse aussi prochaine, avec notre ami Jean Jequier ; un compagnon sûr et charmant, le parfait voyageur aussi par son sens de la nature et de l'art, son humeur égale, son entente des choses.

Une tournée en Sicile s'imposait et nous avions pris la mer en toute tranquillité, sans que la vie publique de la capitale se ressentit encore de l'insurrection qui allait surprendre la cour napolitaine.

Reprenant une lettre que nous écrivions de Naples à Neuchâtel après notre retour de Sicile, nous y lisons ceci : « Je ne pensais guère que dans ma modeste existence je me trouverais à même de juger de si près des illusions d'un roi. »

C'était peu de temps avant notre départ de Naples; il y avait réception chez le roi, dans ce majestueux palais dont les terrasses — une vision de rêve, — regardent le golfe et les enchantements d'un rivage qui n'a pas son pareil dans le monde.

Elles nous sont encore présentes les attitudes, les figures des nombreux personnages qui évoluaient dans les salons. Que de visages nobles et charmants! Que de belles et hautes tournures! Mais aussi que de têtes déplaisantes! Que de physionomies basses et rusées, inquiètes, méfiantes! Il y avait là comme une atmosphère d'incertitude, d'attente, d'arrière-pensées sournoises. Quelques-uns penseraient-ils déjà à l'abandon final? Peut-être; mais dans les groupes de ceux qui désapprouvaient les concessions faites ou prévues, beaucoup devaient rester fidèles; leur attachement primera tout, traversera, attentif, délicat, les déchéances prochaines.

Nous pûmes le constater à Paris, après la prise de Gaëte, en y retrouvant, serviteurs de l'exil, courtisans du malheur, plus d'un d'entre les hauts personnages de la cour napolitaine, heureux de quitter leur palais, leur famille, leurs habitudes pour venir prendre à tour de rôle le service d'honneur des souverains exilés.

François II se méfiait-il à l'heure encore paisible qui nous occupe? Avait-il quelque idée du soulèvement qu'appelait Crispi? Il n'y paraissait pas.

Un peu en avant d'un groupe d'uniformes constellés, le roi, sympathique par son bon sourire, son regard honnête, accueillait ses invités sans rien de solennel, sans prendre d'attitude.

De grande taille, les traits prononcés, le visage osseux et glabre, le dernier roi de Naples n'était ni imposant ni charmeur, mais il intéressait par sa bienveillance, sa jeunesse, les difficultés de sa situation.

« J'apprends, nous dit-il, que vous allez partir pour la Sicile et visiter l'intérieur du pays. Je vous en félicite. C'est là un voyage qui vous intéressera. De tout temps la Sicile fut le grenier de Naples; elle a été le refuge de ma famille sous le premier Empire. Vous verrez là une population intelligente, active, qui nous est dévouée. »

Nous eûmes lieu de penser, en débarquant à Palerme, que François II était bien informé. Pas le moindre symptôme de trouble, en ville et dans la campagne. La vie journalière suivait son cours dans une atmosphère de senteurs enivrantes. C'était sous le beau ciel de ces heureux climats comme un emportement de végétation, une exubérance de vie dans un harmonieux ensemble de hautes plantes vertes aux feuilles énormes, de fleurs aux vives couleurs. Sur le sol jonché de blancs pétales, un odorant semis de fleurs d'oranger.

A la terrasse des cafés, dans les rues, dans les jardins, d'innombrables promeneurs jouissent du frais, prennent des glaces, semblent heureux de vivre et sourient au printemps. C'est une foule insouciante, gaie, et qui ne paraît pas se douter plus que nous de l'orage qui allait secouer l'île et fondre sur Palerme. Très tard dans la soirée, l'animation se continue et s'augmente à la sortie de l'Opéra où se donne excellemment plusieurs jours de suite *Cenerentola*, de Rossini.

Elle est vite passée une semaine à Palerme, que nous quittons par une matinée radieuse, sous la conduite de Carlo Campo, quelque chef de bande retiré des affaires et qui « fait » maintenant les tournées de Sicile.

Ces tournées, qui avaient leur caractère, se traitaient ordinairement à l'hôtel de la « Trinacria; » il n'y avait qu'à s'en remettre à Raguse, son directeur, organisateur entendu, qui choisissait l'entrepreneur, passait avec lui, signé par le client, un traité en règle, fixait l'itinéraire, les arrêts, les repas, les nuitées, garantissait le bien-être et la sécurité de ses voyageurs.

La moitié de la somme convenue se comptait au départ, le restant au retour.

Comme tout se faisait à cheval, on simplifiait les bagages, les menus, les couchers.

Toujours les mêmes, ces menus.

Du macaroni et du poulet; quelquefois du chevreau. Comme dessert, des oranges et des figues sèches.

Carlo Campo veillait aux choses avec dignité, silencieusement, déballait les provisions, nous casait de son mieux, à l'arrivée du soir, dans quelque chambre dépourvue de tout et blanchie à la chaux, soignait ses bêtes, allumait le feu, passait cuisinier.

Avant le départ du lendemain, toujours très matinal, du café au lait qu'il préparait lui-même.

Le déjeuner de midi — composé de quelques reliefs de la veille, — se prenait à l'ombre problématique des colonnes d'un temple grec, ou sous un arbre, près d'un ruisseau, d'une source, en vue d'une ruine intéressante ou d'un paysage généralement choisi avec le sens du beau.

Très à son affaire, à la fois ferme et complaisant, Carlo Campo, solide gaillard à la barbe noire, au regard de braise, avait l'œil très ouvert sur les buissons hauts et touffus qui pouvaient cacher le tromblon d'un chasseur d'hommes. A deux reprises, un fusil braqué dans notre direction s'était abaissé à la voix et sur un signe de notre conducteur, qui paraissait ne rien voir là d'anormal ou d'inquiétant. Il ne s'assombrit que plus tard, après quelques journées d'un parcours rendu attrayant par les sites et par l'histoire.

Le temps s'était gâté à mesure que se tendait la physionomie de Carlo Campo. Un vent chaud, violent s'était levé, persistant à mugir, soulevant les flots d'une poussière aveuglante; le soleil avait disparu, caché sous de gros nuages noirs. Personne sur la route. Personne dans la campagne, hier encore animée, riante, maintenant morne, déserte. Beaucoup plus loin, du côté de Palerme, aux environs de Misilméri, quelques groupes se meuvent dans la poussière, suivis bientôt de familles entières traînant après elles des enfants, des meubles, de la literie, des paquets de linge, tout un déménagement hâtif de misère et de fuite. La plupart de ces malheureux nous jettent en passant des regards de surprise effarée. Que font donc ces voyageurs? semblent-ils dire. On les conduit à leur perte !

Plus loin encore, de sombres silhouettes d'hommes, armés ou sans armes. Quelques-uns s'approchent, l'œil mauvais, l'air menaçant, font mine de prendre nos chevaux par la bride, puis se ravisent et s'éloignent sur ce mot de Carlo Campo : « Inglese. »

Pourquoi « Inglese ? » demandons-nous. Nous avons des passeports suisses.

Il ne faut pas les montrer, reprend Carlo Campo,

qui se décide à nous donner enfin à entendre quelque chose de ce qui se passe.

Il se passe — nous ne l'apprenons pas tout de suite, Carlo Campo restant laconique, ténébreux; — nous ne serons même complètement informés qu'à Naples — il se passe que Crispi a mené à bien le soulèvement des populations siciliennes et que Garibaldi, embarqué clandestinement à Gênes pour une destination inconnue, vient de débarquer à Marsala le 11 mai et marche sur Palermo; il n'a pas pris par le détroit, gardé par la forteresse de Messine, mais a mis le cap sur la Tunisie. Ravitaillé à la pointe de la Régence, il a continué sur Marsala où les nombreux Anglais qui séjournent dans cette ville lui feront accueil. Ses deux bâtiments, le *Lombardo* et le *Piémonte,* aperçus et poursuivis en vue de Marsala par deux frégates napolitaines, ont pu leur échapper, adroitement dirigés par Garibaldi et Bixio qui réussissent à entrer dans le port et à s'y réfugier derrière deux navires anglais pour protéger leur débarquement.

Les capitaines napolitains ne s'empareront que de deux bâtiments vides.

La petite troupe ne s'attarde pas à Marsala dont la population paraît hésitante; elle se met en marche, augmentée bientôt des recrues venues de l'intérieur de l'île, défait le 17 mai un corps napolitain, se trouve, le 22, à dix kilomètres de Palerme, y pénètre, le 27, par un heureux coup de main, non toutefois sans que la flotte napolitaine, embossée devant la Marine sous les ordres de Lanza, couvre la ville de bombes et de boulets.

Ce n'était pas là ce que nous cherchions en Sicile, Carlo Campo l'a compris avant nous; il a sa responsabilité, sait ce qu'il doit à ses voyageurs en même temps qu'à ses projets de patriote sicilien; il précipite la tournée, qui s'achève sombre et pénible sous la garde d'un conducteur inquiet, sur des chevaux fatigués, le long d'une route balayée par des vagues de poussière, toujours plus encombrée de cohortes de fuyards. Groupes lamentables traînant là leur désespérance: familles de miséreux, entraînées dans le mouvement, croyant sentir sur leurs talons les premiers détachements de l'armée royale et cherchant à se dérober aux rencontres qui se préparent. Combien d'entre elles vont cruellement souffrir de s'être compromises dans un sens ou dans l'autre!

Il y a là aussi des partisans de l'insurrection pressés de se joindre aux bandes du « libérateur. »

Carlo Campo, qui est de cœur avec eux, va disparaître pendant la nuit, laissant à son père le soin de veiller sur nous et de nous conduire aux portes de Palerme. C'est chez ce dernier que nous couchons à Misilméri, notre dernière étape. Son hospitalité est ouverte à tous les vents et à tous les insectes. Par la porte entr'ouverte, et qui ne peut se fermer, d'une chambre blanchie à la chaux, un coq avec ses poules s'introduit familièrement, suivi de plusieurs petits porcs, noirs, frétillants, pas gênés du tout. Pour un peu on les caresserait! Mais l'heure n'est pas aux épanchements. Il est quatre heures du matin; il faut partir.

Nous serons encore « Ingleses » une partie de la journée; le nom anglais étant en honneur dans la contrée, acquise au soulèvement.

A la cour, à l'armée, dans les sphères du pouvoir, c'est le nom suisse qui est bien vu; Palerme est occupée par les troupes de François II qui a lui-même à Naples des régiments suisses à son service. Nos passeports nous ouvriront donc les portes de la ville en état de siège et faciliteront notre départ par le premier paquebot.

Cependant, nous n'apprenons la disparition de Carlo Campo qu'en nous évadant de nos draps meurtriers et en voyant paraître son père, qui prépare le café, organise le départ, ne nous explique rien.

Il a quelque chose de digne, de sympathique, s'occupe de nous avec sollicitude, mais plus nous avançons, plus sa préoccupation est visible, ses traits se tendent, son regard soucieux sonde l'horizon où quelques éclaireurs apparaissent, où les uniformes se montrent toujours plus nombreux. Nous sommes aux avant-postes napolitains et redevenons Suisses.

Courtoisement accueillis par quelques officiers, nous remarquons que leur regard s'est fait brusquement dur et fouilleur en examinant notre guide.

« Que faites-vous là, vous ? Qu'est devenu votre fils ? Ce n'est pas lui qui a conduit ces messieurs : pourquoi n'est-il plus avec eux ? On vous garde. »

Nous intervenons.

« Cet homme n'est pas payé et ne pourra l'être qu'à Palerme. Nous lui devons encore la moitié de la somme convenue et qui ne sera réglée que chez notre consul.

« Nous le gardons. Votre consul lui remettra ce qui lui revient quand il se sera mieux expliqué sur ce que son fils est devenu. »

La consternation de ce vieillard, que nous ne quittons pas sans trouble, ajoute aux lugubres impressions de notre rentrée à Palerme. Le silence y règne, on dirait une ville abandonnée par ses habitants. Quelques personnes encore à l'hôtel de la *Trinacria*, où Raguse, qui est une personnalité, se montre accueillant, mais sérieux.

N'ayant que quelques francs en poche, nous craignons un instant que notre lettre de crédit ne nous serve à rien; car il n'est pas facile de pénétrer chez le consul. Sa maison est entourée jusqu'au premier étage d'une forte palissade. Nous frappons sur les planches, nous appelons, nous crions jusqu'à ce qu'enfin une fenêtre s'entr'ouvre. Une tête apparait ; c'est la tête d'un homme qui ne semble pas disposé à lier conversation et encore moins à recevoir des visites, mais comme c'est en même temps celle du consul suisse et que nous ne pouvons ni rester à Palerme ni en sortir sans lui, nous insistons. Le consul se rassérène, descend en robe de chambre, nous introduit par une sorte de guichet et nous remet ce que nous lui demandons, mais en nous engageant à ne pas nous attarder dans une ville que menacent les pires événements, où le sang coulera, où les ruines s'accumuleront.

Notre embarquement du lendemain n'est pas moins mouvementé que notre arrivée de la veille.

Aux abords du paquebot se pressent des familles qui paraissent appartenir à la haute société de Palerme ; elles cherchent leurs cabines, s'installent, échangent des regards où se lit la hâte de fuir ; mais au moment de lever l'ancre, la police intervient, examine la tenue, les visages, réclame les papiers, procède à la plus minutieuse sélection. Elle est bien informée ; elle sait quelles sont les personnes restées fidèles au roi ; quelles sont celles qui pactisent avec Garibaldi.

Ces dernières, elle entend les garder sous la main. Les autres peuvent partir.

L'ordre est sans réplique; et nous ne pouvons que sympathiser avec ceux que l'angoisse étreint, qui se voient contraints à quitter le bord et à rentrer dans la fournaise.

Nous débarquons à Naples pour y être témoins des premières phases du drame qui se prépare.

La belle cité rit au soleil, emplie de senteurs délicieuses, mais la radieuse lumière qui éclaire le golfe n'est pas dans les cœurs; les nouvelles de Sicile, apprises coup sur coup, y mettent le trouble de la douleur ou des espoirs secrets, l'appréhension ou la joie cachée des bouleversements redoutés par les uns, appelés par les autres.

François II règne encore, déconcerté par la soudaineté des étapes garibaldiennes qui ont jeté la stupeur dans ses Conseils, stimulé les trahisons prochaines, activé les conciliabules de la légation piémontaise où le marquis Villamarina prépare la défection des officiers de marine napolitains, pendant que la flotte de Victor-Emmanuel, qui mouillera dès le 9 août dans les eaux de Naples, sous les ordres de l'amiral Persano, surveillera les événements.

A la légation de France, présidée par un homme aimable, intelligent, qu'on rencontrait dans les salons peu amusants mais bien fréquentés de Mme Kakoschkine, le baron Brenier continuait à conseiller au nom de l'empereur les réformes et un essai d'entente avec Victor-Emmanuel. François II s'y décida après de longues hésitations et le fit connaître au pays par l'Acte royal du 20 juin 1860 annonçant un statut national, un projet d'accord avec Turin, un ministère libéral et l'adoption du drapeau italien.

Le mois suivant, une ambassade extraordinaire, que le ministre de France à Turin reçut l'ordre de soutenir de son mieux, fut chargée d'aller négocier entre les deux couronnes une entente politique, douanière et commerciale.

François II s'était résigné sans conviction, par déférence pour les Tuileries, à un système qui ne devait qu'ajouter à son isolement et tourner contre lui. Le décret d'amnistie pour les délits politiques ne fit même qu'augmenter ses périls en ce que d'anciens adversaires, — généraux, ministres et députés, — rappelés d'exil, n'en étaient revenus que pour se glisser dans les antichambres du palais royal, en observer les abords et les mouvements.

Mollement soutenu par les milices nationales, la magistrature, l'administration, le roi pouvait à peine compter sur la police. Le terrain manquait sous ses pieds. Il se sentait guetté par les partisans résolus de l'annexion au Piémont en même temps que blâmé par ses partisans, restés dévoués à sa personne, mais rebelles à ses concessions. Les allures louches de ses deux oncles, les comtes de Syracuse et d'Aquila, frères de Ferdinand II, le laissaient sans grandes forces effectives et morales, aux prises avec les exigences des libéraux et les résistances des royalistes.

A Turin, chez le roi, chez Cavour, les dispositions n'étaient guère favorables à un rapprochement avec la cour de Naples; Cavour n'avait que faire d'une entente avec elle, bien que prévenu par le ministre de France à Turin que ses procédés à l'égard de François II ne pourraient que compromettre l'indépendance même de la péninsule.

Mais, répondait Cavour. une autre attitude nous ferait jeter par les fenêtres. « La popularité même du roi ne nous couvrirait pas. Personne en Italie ne croit au roi de Naples. »

Comptant d'ailleurs que Garibaldi, vainqueur en Sicile, ferait plus de besogne que les ambassadeurs napolitains, Cavour avait soin de contrecarrer leur mission par des conditions offensantes. Les bandes garibaldiennes n'étaient-elles pas près de franchir le détroit sous le regard indulgent des ministres anglais ? L'entretien à ce sujet de Thouvenel et de lord Cowley ne pouvait laisser de doute à cet égard.

Serait-il convenable, disait le ministre français à l'ambassadeur d'Angleterre, de garder une attitude passive devant les entreprises qui se préparent contre François II, alors que ce prince se soumet à l'essai constitutionnel ? Les forces navales de France et d'Angleterre ne devraient-elles pas empêcher Garibaldi de franchir le détroit ?

Ce n'était pas l'avis de lord Cowley, convaincu que Napoléon III ne se déciderait pas à agir seul.

CHAPITRE XXXV

MORT DU PRINCE JÉROME. — LES SOUVERAINS A DIJON ET A CHAMBÉRY. — LAMORICIÈRE ET LES DÉFENSEURS DU PAPE. — PIE IX.

Un deuil de famille vint ajouter ses tristesses à l'absorbant souci des affaires d'Italie dont l'empereur sentait bien avoir assumé la responsabilité.

Il venait de voir disparaître une figure historique à laquelle il tenait, celle du dernier frère survivant de Napoléon Ier, restée étroitement liée au souvenir de la grande épopée.

Le prince Jérôme, ancien roi de Westphalie, s'était éteint au château de Meudon le 24 juin 1860, regretté de la cour et de la société, auxquelles sa fidélité à son frère dans ses succès et ses revers faisait une auréole et qui laissait aux plus indifférents le souvenir d'un vieillard chevaleresque et sympathique.

On aimait à le voir, l'impératrice à son bras, aux grandes fêtes des Tuileries.

Nous avons dit ailleurs sa vaillance en 1812 et en

1815 sur le Niémen et à Waterloo, puis le bon esprit qu'il sut mettre comme roi de Westphalie à se concilier l'estime et l'affection de ses nouveaux sujets.

La cour cependant avait quitté St-Cloud; l'impératrice pour les Eaux-Bonnes, l'empereur pour le camp de Châlons, où le petit prince, enfant de quatre ans et déjà bon cavalier suivait, au grand amusement des curieux et des troupes, les manœuvres et les revues. Rentrés tous deux à St-Cloud dans la soirée du 15 août, ils y retrouvaient l'impératrice et regardaient avec elle, des fenêtres du palais, Paris en liesse, en train de célébrer, dans un horizon de feu, la fête du souverain.

Le 23 août commençait à Dijon le voyage en Algérie et dans les nouveaux départements.

Voyage triomphal d'hommages adulateurs, d'acclamations continues, de fêtes éblouissantes, traversé dès Chambéry par de troublants avis qnant aux Etats pontificaux, et qui s'achèvera dans les larmes à la nouvelle désolante pour l'impératrice de la mort de sa sœur, la duchesse d'Albe.

Dès les premiers discours s'accentua pour elle le souci croissant de la question romaine; l'évêque de Dijon faisant appel, sur le parvis de la cathédrale, à la piété filiale de l'empereur, « qui saura, dit-il, éloigner du patrimoine de St-Pierre les flots frémissants qui le menacent. »

Ce « qui saura » — traduction libre de « qui devra » — n'échappa à personne et ne fut pas sans éveiller chez la souveraine des arrière-pensées auxquelles le maire de Dijon s'était dispensé de faire appel. Ce maire, offrant les clefs de la ville de Dijon et rappelant qu'elles avaient été offertes à Louis XIV, fit à Napoléon III cette politesse de le préférer au grand roi et motiva sa préférence.

« Comme l'empereur, dit-il, Louis XIV avait passé à Dijon en allant visiter les nouvelles provinces acquises au pays; mais ces provinces, il ne les devait qu'à la fortune des armes, tandis que Napoléon III les tenait, lui, du consentement des populations.

Il y avait bien eu, pour amener la promenade des souverains actuels, un peu de Magenta et beaucoup de Solférino, mais le maire de Dijon ne s'arrêta pas à ces deux journées, suivies d'une votation populaire qui rachetait ces batailles.

Le soir, sur le passage de la berline à glaces qui la laissait voir de tous, l'impératrice, se rendant au bal de la ville entre de véritables vagues humaines, recueillit des témoignages dont l'enthousiasme fit sourire l'empereur. A Lyon, au palais de la Bourse, le succès fut pour lui; succès d'homme politique et d'orateur recommandant aux Lyonnais les travaux de la paix et des arts. — « Nos destinées, dit-il, sont en nos mains. »

A Chambéry, le tumulte des fêtes et des illuminations se mêla aux hommages plus sérieux et plus intéressés de deux personnages qui semblaient n'avoir d'autre mission que celle d'apporter aux nouveaux souverains de la Savoie les souhaits de bienvenue de l'ancien maître de cette province et de celle de Nice.

Une lettre autographe de Victor-Emmanuel soulignait des souhaits sous lesquels se dérobait le désir de marcher de l'avant du côté des Marches et de l'Ombrie. Ses mandataires étaient le général Cialdini et Farini, ministre de l'Intérieur. Ils furent retenus à déjeuner, gracieusement accueillis par la souveraine, qui les prit à table à côté d'elle, mais ne sut que plus tard un propos qui allait être gros de conséquences et qui fut bientôt répété par l'Italie entière.

A l'autorisation sollicitée par les envoyés de Victor-Emmanuel de faire entrer les troupes piémontaises dans les Marches et l'Ombrie, Napoléon III aurait répondu : « Faites, mais faites vite. »

Le propos est-il authentique ? Les faits qui suivirent donneraient à le croire ; l'Europe stupéfaite apprenant peu de temps après que, le 11 septembre, 33,000 Piémontais avaient franchi la frontière des Etats pontificaux et que le général Cialdini, dans son ordre du jour à ses troupes, leur avait dénoncé « la bande d'aventuriers étrangers que la soif de l'or, le désir du pillage avaient amenés en Italie ; misérables sicaires qu'il fallait disperser. »

Une proclamation de Victor-Emmanuel accentuait encore celle du général.

Trois jours après, le 14 septembre, le général Fanti, appuyé par la colonne du général Della-Rocca, s'emparait de Pérouse.

Quel était ce ramassis d'intrus que Victor-Emmanuel et Cialdini signalaient à l'armée et à la nation ?

Ces aventuriers, ces sicaires n'étaient autres que les volontaires auxquels Pie IX s'était décidé à confier la défense de ce qui lui restait des Etats de l'Eglise. Cet assemblage improvisé, hétérogène, se composait de Belges et de Français, d'Irlandais, d'Autrichiens, de Romains, d'Italiens et de Suisses. La vieille noblesse de France, les grandes familles belges avaient là des représentants nombreux et convaincus, heureux de s'enrôler sous les drapeaux du souverain pontife et de marcher sous les ordres du général Lamoricière.

Plusieurs milliers de Suisses faisaient partie de ce corps commandé par le général Schmidt.

Lamoricière, ami et partisan de Cavaignac, s'était vu arrêté au Deux Décembre 1851, puis rappelé en 1857 par Napoléon III d'un exil qui laissait sombre et comme désemparé le brillant officier de la campagne d'Afrique. L'inaction lui pesait ; et quand Napoléon III l'autorisa à conserver sa nationalité de Français bien qu'acceptant à Rome sa nomination de généralissime des troupes pontificales, Lamoricière, reprenant son martial entrain, rendit l'espérance à Pie IX et au cardinal Antonelli, fier, disait-il, de défendre la papauté, « rempart du christianisme. »

Le pape et son premier ministre ne se faisaient pas toutefois l'illusion que la petite armée de Lamoricière pût se heurter avec quelque chance de succès aux forces piémontaises, mais elle donnerait au moins à l'Europe catholique, et notamment à Napoléon III, devenu l'arbitre de la situation, le temps d'intervenir. La sécurité du Saint-Siège était d'ailleurs assurée par le corps français d'occupation auquel le général de Goyon présidait avec autorité.

La personnalité de Pie IX avait toutes les sympathies de ces deux corps d'armée et ne pouvait les rencontrer par unités ou par groupes dans les rues de Rome sans provoquer des manifestations auxquelles il semblait prendre plaisir. Nous le vîmes à plus d'une reprise au moment de remonter en voiture, au sortir des églises, des hôpitaux et des établissements publics qu'il avait visités, se retourner vers les civils ou les militaires qui lui demandaient sa bénédiction et la leur donner avec une joyeuse mansuétude. Il la donnait sans se lasser de son carrosse de gala, doré, tout en glaces, attelé superbement, quand il se rendait à quelque grande cérémonie. Il en était de même à l'intérieur de St-Pierre, que Pie IX fût à pied ou porté sur la « Sédia », entouré de toute la pompe dont disposait alors la cour pontificale. Le mouvement qu'imprimait à la « Sédia » la marche des porteurs n'était pas sans donner au pape un malaise dont il ne pouvait se défendre et qui le faisait pâlir.

La malice gouailleuse des troupiers français, encore que dévoués à celui dont ils avaient la garde, ne perdait pas ses droits sous les voûtes immenses de Saint-Pierre, au milieu de la foule agenouillée, devant la mise en scène étrange et magnifique dont ils ne s'émouvaient guère et qui les laissait à leur naturel.

Deux d'entre eux s'interrogeaient près de nous, sans dévotion, sans enthousiasme, une fois le cortège passé : « Tu as vu cette binette? » — « Je te crois! »

Plus respectueux, toujours convenable, notre ami Jean Jequier ne se fût pas permis ce propos aventureux, mais il n'aimait pas beaucoup à voir entouré de tant d'éclat l'héritier, aux yeux des catholiques, de l'apôtre St-Pierre, le représentant du divin crucifié, du « bon berger » qui n'eut pas un lieu pour reposer sa tête.

Ce contraste entre de telles splendeurs et tant

d'humilité nous impressionnait moins que lui, le chef suprême de l'Eglise catholique étant à cette époque-là conducteur des fidèles et souverain temporel. Et puis, il y avait sous ce pontife-roi la personnalité vraiment attirante de Pie IX, « un charmeur, » disait-on dans les salons de la société romaine.

Un charmeur, en effet, par la parole, l'expression, le sourire.

Empreint d'une finesse un peu malicieuse, ce sourire livrait le tour familièrement caustique de sa conversation; mais qu'on le rencontrât en rue ou qu'on le suivit aux Béatifications de Saint-Pierre, aux grands offices de la chapelle Sixtine et de Saint-Jean de Latran, ou à la procession de la Fête-Dieu, c'était toujours la même individualité sympathique, parfaitement digne. A l'élévation, quand il célébrait la messe, sa physionomie prenait quelque chose de contemplatif et d'inspiré qui ne s'oubliait plus.

Mais l'heure n'était plus seulement aux visions célestes dont le visage de Pie IX gardait l'empreinte dès qu'il officiait; elle était à l'action, aux armements, à la défense du territoire pontifical menacé par les Piémontais; elle était surtout à ce désaccord avec Napoléon III dont Pie IX était le protégé, mais qui osait lui demander de renoncer aux Romagnes pendant qu'il n'aurait eu qu'un mot à dire pour empêcher les spoliations survenues dans les

Marches, dans l'Ombrie, et bientôt à Ancône. Ce silence, cette inaction, révoltaient Pie IX, qui ne se sentait ni la volonté ni le droit de souscrire à un amoindrissement quelconque du patrimoine de Saint-Pierre. Une intransigeance irritée le tenait à cet égard; il s'en ouvrait à tout venant avec une exubérance dont le duc de Gramont prenait souci; il l'écrivait à son chef, M. de Thouvenel. Le pape « parle beaucoup, beaucoup trop, et à tout le monde. » Ne lui avait-il pas dit à lui-même, ambassadeur de Napoléon III : « Je n'ai plus rien à attendre de l'empereur; il me laissera prendre les Légations. — On me prendra tout ce qu'il permettra de prendre et on me laissera ce qu'il me fera laisser. Il a la force; il est le maître. » Et le duc de Gramont ajoutait mélancoliquement dans son message à Thouvenel : « Il n'y a personne qui ne soit entièrement convaincu de notre complicité avec les Piémontais. »

Le ministre des Affaires étrangères, aussi impressionné que son subordonné, écrivait à ce dernier : « Je n'ai, je crois, éprouvé de ma vie pareille indignation. »

Il ne pourra même s'empêcher d'en laisser paraître quelque chose dans ses communications avec son maître et lui écrira avant l'invasion des Marches et de l'Ombrie : « Je supplie l'empereur de considérer que l'Europe ne comprendra pas qu'une mesure si exorbitante puisse être prise sans notre assentiment. » Mais l'empereur, dont le voyage se poursuit, fait la sourde oreille et n'autorise pas son ministre des Affaires étrangères, qui en sollicite la permission, à venir le rejoindre à Marseille aux fins de s'entendre avec lui sur la gravité des événements qui se préparent en Italie. Le souverain, peu pressé de conférer avec son ministre, décline une visite qui l'eût peut-être un peu gêné et préfère lui envoyer des dépêches ambiguës, déconcertantes au point que Thouvenel, ignorant encore « le mot » prononcé à Chambéry, pressent ce mot et se demande si Fanti et Cialdini n'auraient pas emporté de cette ville quelque encouragement.

Comment expliquer autrement l'audace que le cabinet de Turin mettait à jeter le masque ?

CHAPITRE XXXVI

EN SAVOIE. — A NICE ET A MARSEILLE.
LES SOUVERAINS NAPOLITAINS. — GARIBALDI A NAPLES.

Pendant que Thouvenel s'agite, que l'impératrice s'inquiète, et que le duc de Gramont se déclare humilié de la situation qui lui est faite au Vatican et dans la société romaine, Napoléon III, qui semble n'être qu'aux ovations et aux fêtes de son voyage, ne laisse rien paraître des responsabilités qu'il assume contre le gré de sa femme, de son ministre et de son ambassadeur. Il porte avec une apparente tranquillité le poids des soucis qu'il s'est créés. Ce voyage superbe et charmant, ces pays en mouvement, ces populations sur pied, ces acclamations, ces témoignages, lui feraient-ils perdre de vue ce qui se passe en Italie ; ce qui, après tout, est son œuvre ?

Jamais, semble-t-il, il n'a prêté aussi volontiers l'oreille aux salves d'artillerie, au carillon des cloches sonnant à toute volée, aux vivats des foules, aux dithyrambes des maires et du clergé, aux compliments naïfs des jeunes filles en blanc, parées de rubans et de fleurs, aux hardiesses des fanfares locales, aux cuivres et aux cantates des sociétés de musique. Il va d'ailleurs s'embarquer pour la Corse et ne sera pas fâché de mettre la mer entre sa personne et des conseils dont il se passe.

L'impératrice est plus distraite que lui; ses pensées vont à Paris, où elle a laissé sa sœur sérieusement atteinte. La tournure que les affaires publiques prennent au delà des Alpes ne la rassure guère; le bruit qui se fait autour d'elle, ces démonstrations, cette allégresse ne triomphent pas de ses pressentiments. Elle garde pourtant son doux sourire; sa beauté resplendit, son animation, son amabilité lui valent un accueil qui ne peut que la réjouir. Et puis, il y a eu, il y a encore les enchantements du voyage.

Qu'ils étaient poétiques, les bords de ce lac du Bourget qui dort ou chante au pied du monastère de Haute-Combe dans lequel les ducs de Savoie dorment leur dernier sommeil. Qu'il était attrayant ce joli lac d'Annecy! On s'est même si bien attardé à voguer sur ses rives, que le dîner, servi en retard, s'est prolongé et que la souveraine s'est aperçue qu'elle n'avait plus le temps de s'habiller pour le bal offert par la ville.

« Si j'allais comme je suis ? » dit-elle au général Fleury.

« Que Votre Majesté se coiffe de son diadème, répond le général. Qu'elle mette son manteau rouge, et l'effet sera magique. »

L'impératrice, qui ne se rendit pas toujours aussi facilement aux idées du général Fleury, approuve celle-là, est enchantée de ne pas avoir à refaire toute une toilette, ceint le diadème et traverse le bal dans le burnous écarlate, frangé d'or, qu'on revit après dans les journaux illustrés et dont il fut parlé longtemps aux thés de cinq heures des dames d'Annecy.

Plus intéressante, plus charmeresse encore que la promenade en barque sur le lac d'Annecy, fut la navigation sur le Léman, en vue de la côte suisse et des luxuriantes végétations du beau pays d'Evian.

Chamonix, la mer de glace firent partie de la tournée; puis Grenoble, Valence, Arles, Avignon reçurent les souverains.

L'évêque de Grenoble, l'archevêque d'Avignon ne crurent pas pouvoir se dispenser de servir la question romaine au défenseur de la civilisation chrétienne en Extrême-Orient et au protecteur du Saint-Siège dans la Ville Eternelle.

« La catholicité entière, dit l'archevêque d'Avignon, tressaille en voyant la même main rendre la vie au vieux château des papes, rajeunir sa gloire et protéger ailleurs le pouvoir temporel du souverain pontife. » — « De toutes les prérogatives de la couronne, dit-il à l'impératrice, la puissance du bien est la plus chère à votre cœur. »

Plus recherché encore dans ses fleurs de rhétorique fut l'évêque de Fréjus et de Toulon. « Nouvelle Blanche de Castille, dit-il, vous voulez en rappeler le pieux et grand souvenir sur le plus beau trône du monde. »

Marseille, délirante par instinct, recula les bornes de l'enthousiasme après le toast porté par le souverain à la grande cité phocéenne au banquet de la Chambre du commerce.

Il en alla de même au théâtre; et comme les souverains, au sortir de la représentation, s'entretenaient de ce chaleureux accueil, le maréchal de Castellane, invité à monter dans leur voiture, rappelle l'amusant correctif apporté par l'empereur à la réception débordante du public.

« Le *Times,* dit ce dernier, ne croit pas à la spontanéité des démonstrations marseillaises et les attribue à la pression des autorités locales. »

L'exubérance naturelle aux habitants de Marseille donna lieu à plus d'un incident comique ; notamment à la fête de la villa Borelli, où l'entrée des souverains amena des bousculades imprévues, une manière d'écrasement.

Un invité, de nature entreprenante et qui s'épuisait à pousser le monde sans arriver à apercevoir quelque chose du cortège, finit par se glisser derrière un des chambellans de service et ne trouva rien de mieux que de se cramponner à ses épaules. Choqué d'une telle incorrection, le personnage se retourna vivement et fit observer à ce curieux peu gêné que ces choses-là ne se faisaient pas.

Sans lâcher l'appui auquel il avait réussi à s'accrocher, et dont il se trouvait bien, le Marseillais s'excusa, tenace et bon enfant : « Que voulez-vous ! Vous voyez les souverains tous les jours. Mei jamais. Je veux les voir. »

L'embarquement pour Nice et le département des Alpes maritimes se fit de nuit, à Toulon, après le bal offert par cette ville, aux salves d'artillerie des bâtiments en rade, tous illuminés.

Nice, ville de fleurs et de lumière, cité cosmopolite de plaisir et de villégiature, s'était mise en frais pour recevoir ses nouveaux souverains. Tout y fut séduisant, magnifique, plein de couleur et de vie; mais l'empereur ne put échapper, au seuil de la cathédrale, à cette question romaine que les prélats ne cessaient de lui rappeler en saluant sa venue.

L'évêque de Nice n'y alla pas doucement en fait de recommandations enguirlandées « au successeur de Pépin et de Charlemagne, » à l'homme vers lequel tous les regards se tournaient, parce qu'on voyait en lui le gardien de la société chrétienne et de l'Eglise sur laquelle cette société repose.

« Vous êtes, dit-il encore, la tête, le cœur, le bras de la France. Soyez la joie de l'Eglise. »

L'empereur s'inclinait sans s'arrêter à des appels qui déjà ne portaient plus, car le 13 septembre, après avoir entendu M. de Talleyrand, son ministre à Turin, il se contentait de le rappeler sans marquer d'autre mécontentement que ce rappel quant à l'invasion des Marches et de l'Ombrie. Il a son idée de derrière la tête et la suivra sans prendre l'avis de ses ministres et de ses ambassadeurs.

Cette idée, c'est de ménager, ainsi qu'il l'a promis, l'indépendance et la dignité du Saint-Siège en lui laissant autour de Rome un territoire suffisant, mais il n'ira pas plus loin et ne contraindra pas les forces piémontaises à rendre ce qu'elles ont pris. Sa résolution est arrêtée aussi quant au royaume de Naples; il laissera s'accomplir les destinées de la dynastie napolitaine, qui est près de sombrer, a quitté Naples, agonise à Gaëte.

Enveloppé de méfiances, trahi, découragé, impuissant à résister au flot montant, François II aurait fini, bien avant le 6 septembre 1860, par douter des autres et de lui-même et par renoncer à la lutte, sans la fermeté d'âme de sa belle et intelligente compagne, la reine Sophie, née princesse de Bavière et sœur de l'impératrice Elisabeth d'Autriche, assassinée à Genève.

Elégante, distinguée, d'une expression de visage plutôt sérieuse et qui peu à peu, au cours des événements, se fit presque sévère, la reine de Naples s'était mariée à vingt ans et régnait depuis trois mois quand les premières rafales commencèrent à souffler. Elle y fit face tout de suite, virile et fière, assuma les responsabilités, communiqua son énergie, fut aussi roi que son mari et l'anima de sa résolution.

Non moins irréductible que les patriotes italiens, elle entendait ne tomber sous leurs coups qu'après s'être défendue et ne désarma qu'assiégée dans la forteresse de Gaëte quand tout espoir fut perdu.

François II, disaient ses adversaires, n'aura bientôt plus pour lui que sa femme, les lazaroni et les brigands.

Pour ce qui est des brigands, cela ne se voyait pas à l'œil nu, mais du côté des lazaroni, il n'était pas difficile de constater publiquement leurs empressements comiques, leur turbulence effrontée. Nous les avions vus courir, vêtus de loques pittoresques, devant, derrière et à côté de la voiture royale, avec des salutations familières, des gestes imprévus, des mines à eux. Ils offraient leurs vœux et demandaient des sous. Le roi leur en jetait d'un air distrait, un peu lassé, pendant que la reine fixait d'un regard direct, rapide, ces descendants de Mazaniello, qui allaient s'enhardir encore après notre départ de Naples, à mesure que les choses prenaient un tour plus grave et que les vivres renchérissaient. La promenade des souverains se mouvementa de réclamations éplorées, de tutoiements suppliants, puis impérieux.

Quelques débris de pain, de tomates et de macaronis, jetés dans la voiture, marquaient la situation, soulignaient les demandes. Le roi les recevait sur ses genoux avec plus de confiance et de tranquillité que les nouvelles reçues journellement au palais où tout était bruits alarmants, embûches et divisions. La reine passait toutefois pour en souffrir plus que son époux et pour voir plus clair que lui dans les dispositions de l'entourage et des conseils royaux. Nous avions remarqué plus d'une fois sur son visage et dans sa tenue des marques d'énervement lors de ses sorties journalières en voiture découverte sur la route enchanteresse de Pausilippe. Penchée sur l'épaule de son mari, qui l'écoutait silencieux et grave, elle lui parlait à voix basse, vivement, comme ayant hâte de lui dire là, dans la campagne, au bord de la mer, des choses dont elle préférait ne pas l'entretenir dans un palais hanté par le soupçon et dont les murs avaient des oreilles. Elle sentait s'ébranler sur ses bases le trône napolitain auquel déjà la Sicile échappait.

Débarquées à Reggio le 18 août, Garibaldi avait vu les troupes napolitaines se débander à son approche, quitter leurs rangs et lui ouvrir le chemin de Naples, où ses proclamations allaient bientôt se crier dans les rues, où ses portraits allaient surgir à toutes les devantures, où les fonctionnaires, la garnison, les habitants, même quelques ministres, se préparaient à acclamer le dictateur.

Parmi les ministres acquis à la révolution, Liborio Romano était en train de se faire un nom par sa traîtrise, rédigeant d'une main sûre l'adresse du syndic de Naples à Garibaldi, entré à Salerne, en même temps que la proclamation d'adieux adressée par le roi à ses sujets au moment de quitter Naples.

Ces adieux, l'adroit ministre les avait formulés en termes si convenables, que François II le remercia, en partant, « d'avoir si bien compris son âme. »

L'entrée de Garibaldi à Naples fut pour la population celle d'un libérateur, mais d'un libérateur modeste ; Garibaldi ne s'étant présenté aux portes de la ville qu'en laissant son armée derrière lui. Accompagné seulement de quelques volontaires et grimpé sur le siège d'une voiture de louage, à côté du cocher, il se fit conduire, rue de Tolède, dans une chambre haute du palais d'Angri. Il ne put y arriver qu'à travers les flots diaprés d'une foule hurlante.

« Trois cent mille polichinelles piqués de la tarentule et dansant la sarabande, écrit Maxime Du Camp, témoin de cette entrée, auraient fait moins de bruit. »

Plus silencieux avait été, le 6 septembre, à cinq heures du soir, le départ des souverains, accompagnés du palais royal au port par quelques fidèles et une partie du corps diplomatique, regardés sans malveillance mais aussi sans démonstrations affectueuses par la foule rangée sur leur passage.

Embarqués sur le *Colon,* navire espagnol qu'escortait le *Parthénope*, de la marine napolitaine, occupé par les seuls marins restés à leur poste, le roi et la reine prirent la mer dans la direction de Gaète, ville forte sur laquelle pendant cinq mois l'Europe allait avoir les yeux.

Les contemporains de cette époque n'ont pas oublié avec quelle endurance les souverains dépossédés, traversant les souffrances et les privations d'un long siège, firent face à la mauvaise fortune.

Leur armée de 70,000 hommes, appuyée par une forte artillerie, passant le Volturno le 30 septembre, offrit la bataille, le 1er octobre, aux troupes garibaldiennes fortes de 15,000 hommes résolus et bien organisés. Ces troupes étaient néanmoins près de céder à des forces supérieures, quand Villamarina, bien certain de ne pas être désavoué, prit sur lui d'amener à Garibaldi un renfort devenu pressant, jeta ses Piémontais sur le champ de bataille que les Napolitains durent abandonner pour aller s'enfermer dans Capoue.

Ne se sentant pas assez fortement soutenu pour en risquer le siège, Garibaldi resta sur la défensive pendant que Victor-Emmanuel, arrivé à Ancône, y recevait les députations napolitaines avec la conscience, disait-il, « d'accomplir son devoir de roi et d'Italien. »

Ce devoir était de franchir délibérément la frontière des Etats du roi de Naples et de faire dans la capitale une entrée qui affirmerait la déchéance de François II.

CHAPITRE XXXVII

CASTELFIDARDO. — AJACCIO. — ALGER. TRISTE RETOUR.

Pendant que ces évolutions, consenties ou tolérées par Napoléon III, s'accomplissaient ou étaient en train de s'accomplir dans le royaume de Naples, il s'en produisait d'autres non moins décisives dans les Etats romains.

Nous avons vu Pie IX se plaindre à l'ambassadeur français de l'inaction de l'empereur et aller jusqu'à lui dire qu'il n'attendait plus rien de ce côté-là, mais il lui restait Lamoricière qui avait dit : « La cause pontificale est une cause pour laquelle il serait bon de mourir. »

Avant de mourir cependant il entendait se battre, sentant ses hommes aussi intrépides que lui. Il ne perd pas de temps, fortifie Ancône, organise ses forces, les prépare à soutenir dans une lutte héroïque le choc des divisions piémontaises commandées par Cialdini.

C'est à Castelfidardo, bourg situé sur un groupe de collines à 12 kilomètres d'Ancône, dans le voisinage du sanctuaire de Notre-Dame-de-Lorette, qu'a lieu, le 18 septembre, cette rencontre inégale. Elle est désastreuse pour les défenseurs du pape qui firent en vain dans ce petit coin des Marches des prodiges de valeur. Ecrasés par l'artillerie sarde, les carabiniers, les tirailleurs franco-belges plièrent sous le choc; le marquis de Pimodan, chef d'état-major, blessé au visage dès le premier engagement, résiste, garde son commandement, s'acharne à la tête de ce qui lui reste d'hommes, tombe enfin pour ne plus se relever. Le désordre se met dans les rangs qui se débandent, s'entassent dans Lorette, y capitulent le lendemain.

Lamoricière a gagné Ancône et s'écrie en y entrant : Je n'ai plus d'armée.

La place, sous le feu des canons de l'amiral Persano qui la bombarde de la mer, tient quelque temps encore, s'épuise en efforts surhumains, capitule le 29.

Les Marches et l'Ombrie sont définitivement perdues pour le Saint-Siège, auquel il ne restera que le territoire de Rome, Viterbe, Velletri et Civita-Vecchia.

Au moment où sonnait pour les défenseurs de Pie IX l'heure sombre de Castelfidardo, se levait, le 18 septembre, pour la ville d'Alger, et notamment pour la population arabe de l'Algérie, la grande journée du voyage des souverains français.

Nous les avons laissés à Toulon, s'embarquant pour Ajaccio. C'est la première visite de Napoléon III au berceau de la dynastie napoléonienne; c'est aussi la première fois que la Corse voit venir à elle le chef de l'Etat. Aussi est-elle en ébullition, en proie, dit le maire d'Ajaccio dans son discours de réception, à des « frémissements de bonheur et d'espérance en présence de celui qui a replacé la France à la tête des nations. » A ces « frémissements », le président du Conseil général ajoute de joyeux « tressaillements ». C'est l'impératrice qui les provoque. « Du sommet des montagnes, du fond des forêts et des plaines, dit M. Piétri, tout un peuple s'est élancé pour saluer votre venue. »

Comme toujours, comme partout, elle fixe les regards de la population, rapporte le général Fleury, qui, en parcourant avec les souverains la maison où Bonaparte a vu le jour, est témoin de l'émotion de Napoléon III.

Quand *l'Aigle* met le cap sur l'Algérie, la mer, bonne encore dans les parages de la Corse, se fait bientôt maussade et contrariante. Toute la nuit *l'Aigle*, luttant contre les flots soulevés, secoue rudement des hôtes impatients de se trouver en vue d'Alger. Aux premières heures du matin, la ville arabe — blanche apparition enveloppée de clartés triomphantes, — semble sortir des eaux. Les passagers quittent *l'Aigle* et se rendent à la cathédrale entre des escadrons de spahis, d'aghas et de caïds à la tête de leurs goums. Les discours sévissent; il faut faire face aux réceptions. Le frère de l'empereur du Maroc, le bey de Tunis font partie du « tout Alger » qui s'empresse et complimente.

La plus étourdissante des « fantasias » se prépare pour le lendemain, à l'entrée de la Mitidja, avec le simulacre de l'attaque d'une caravane.

Un radieux matin sourit à cette solennité qui a mis en mouvement tout un peuple. Il y a là des milliers de cavaliers, de fantassins en éclatants costumes se précipitant et faisant parler la poudre. C'est d'abord un ouragan de spahis, puis un sombre défilé de Touaregs et de Chambas venus des confins et des profondeurs du désert. Une caravane est en vue; ils se jettent dessus, l'attaquent avec furie, s'excitant à leurs propres cris, s'animant à ceux que poussent les femmes du haut de leurs palanquins huchés sur des chameaux. La poudre parle, les fusils jetés en l'air avec de rauques clameurs, sont rattrapés au vol; mais à mesure que la lutte s'engage et que la caravane se défend, le jeu devient une bataille, les cavaliers ne se connaissent plus, leur sauvage ardeur se change en furie, l'acharnement est général, les coups portent, des blessés jonchent le sol; et il ne faut rien moins que l'ordre donné par le souverain à une compagnie de chasseurs d'intervenir et de mettre fin à cette mêlée sanglante.

C'est ensuite, développé en bataille devant l'éminence sur laquelle se dresse la tente impériale, un groupement superbe de tous les goums, avec drapeaux aux couleurs du Prophète déployés devant chacun des chefs. Ils s'inclinent tous ensemble, mettent genou en terre et ne peuvent réprimer un cri de surprise, quand en relevant la tête, ils distinguent les traits de la souveraine qui les regarde et leur sourit. Ce tribut payé à son prestige personnel, bien plus qu'à celui de son rang, ne lui a pas échappé, rapporte le général Fleury. La femme, dit-il, dominait en elle, et ce témoignage lui fut d'autant plus agréable qu'il était plus naïf et plus imprévu.

Hélas! ajoute Imbert de Saint-Amand, « cette minute éblouissante » fut l'apogée des beaux jours de l'impératrice Eugénie. Le plus cruel réveil succéda tout à coup à un songe enchanteur.

Un peu trop affirmatif sur ce point le sympathique et charmant écrivain. La « minute éblouissante » dont il parle ne fut pas la dernière pour l'impératrice, qui, après de longs mois de prostration et de mélancolie, finit par se ressaisir et par reprendre sa vie, son gracieux naturel, sa gaieté même, bien que plus occupée d'affaires et de politique extérieure.

Sans parler de l'inauguration du canal de Suez, en novembre 1869, qui fut l'heure la plus éclatante de sa situation comme femme et comme souveraine, nous ne lui avons jamais vu plus d'entrain que dans les fêtes de l'hiver 1866, à la veille de Sadowa, que personne ne prévoyait encore.

Sa rentrée en France au retour d'Alger, ensuite des nouvelles de Paris et d'Italie qui la frappèrent à son débarquement, n'en furent pas moins pour elle une douleur dont elle fut longtemps à se remettre.

Elle n'avait pas quitté Saint-Cloud sans se préoccuper vivement de l'état maladif de sa sœur et s'était encore, au matin du 18 septembre à Alger, avant de s'habiller pour la fête arabe, rendue à l'église pour y demander du secours, pendant que l'empereur, apprenant que tout était fini, se demandait ce qu'il devait faire.

Contremander à la dernière heure une festivité nationale qui avait mis sur pied tout le pays, lui semblait impossible. Jamais les Arabes ne le lui pardonneraient ; même ils ne comprendraient pas et verraient là peut-être un symptôme de méfiance à leur égard.

Informer l'impératrice que l'état de la duchesse d'Albe s'aggravait rapidement, puis qu'elle venait de s'éteindre, c'était se présenter sans elle devant les foules qui attendaient ; c'était apporter à tous une déception telle que l'empereur ne se sentit pas la liberté de l'imposer à des populations venant de si loin. Ne pouvant quitter le souci de troubler brusquement toute cette allégresse, il se décida à ne rien dire. Ce serait déjà bien assez dur pour le monde officiel, pour la société et les habitants d'Alger d'apprendre que la souveraine, à peine aperçue encore par beaucoup de gens, ne paraîtrait plus nulle part.

Cette dernière n'apprit donc qu'au retour de la fête arabe le coup qui la menaçait, l'empereur lui cachant encore la fin et lui proposant de partir dès le lendemain soir, après la revue et le banquet auxquels il irait seul.

Le toast qu'il porta à cette dernière fête eut un retentissement dont nous nous souvenons. Les paroles de ce « sultan » grave et doux, qui avait toujours bien accueilli leurs chefs aux Tuileries, flattèrent les Arabes, qui se sentirent protégés en apprenant ce qu'il avait dit d'eux, des intérêts indigènes à ménager, des améliorations à apporter au sort « des trois millions d'Arabes que la fortune des armes a fait passer sous la domination française et sur lesquels il se sentait appelé à répandre les bienfaits de la civilisation. — Or, ajoutait l'empereur, qu'est-ce que la civilisation? C'est de compter le bien-être pour quelque chose, la vie de l'homme pour beaucoup, son perfectionnement moral pour le plus grand bien.... »

Les intérêts français, l'existence des colonisateurs eurent leur place dans ce discours.

Pendant que le souverain parlait, *l'Aigle* était sous pression dans le port, où l'embarquement se fit, décevant pour la population, empreint, à bord, d'une silencieuse tristesse.

Bien qu'obsédée par la pensée qu'on ne lui disait pas tout et qu'il ne lui serait pas donné peut-être de revoir sa sœur, l'impératrice n'avait pas perdu tout espoir.

De lugubre qu'elle était au départ d'Alger, la traversée devint bientôt mauvaise et périlleuse. D'énormes vagues soulevaient le yacht, le couvraient de paquets de mer, lui imprimaient un tangage inquiétant. Le capitaine redoutant une avarie dans ses machines s'il s'engageait dans le golfe du Lion où la tempête faisait rage, souhaitait de l'éviter, prit les ordres de l'empereur et mit le cap sur Port-Vendres, où il ne se trouva — personne n'ayant été avisé de ce débarquement imprévu — que le boucher et l'épicier en mesure de fournir aux arrivants les moyens de gagner Perpignan et d'y prendre le chemin de fer.

L'impératrice apprit alors, presque en même temps que la mort de sa sœur dont les obsèques venaient d'avoir lieu, l'invasion du territoire pontifical, l'écrasement à Castelfidardo de l'armée de Lamoricière et la chute des Bourbons de Naples.

Ces nouvelles l'atteignant dans ses tendances et dans ses affections, l'anxiété de son esprit s'ajouta à ses regrets de cœur. Pourquoi n'avait-elle pas refusé de partir et de quitter sa sœur malade? L'empereur, d'autre part, n'avait-il pas à se reprocher les événements qu'avait appelés en Italie l'orientation de sa politique ?

Il fut sombre le retour au château de Saint-Cloud après un voyage dont le succès avait dépassé toutes les espérances. C'est à peine si la vue du petit prince qui attendait ses parents à la grille du parc, tout heureux de les revoir et de les embrasser, éclaira le regard de sa mère, qui allait pendant de longs mois ne plus entrevoir qu'à travers un voile l'horizon politique; contrairement à l'empereur auquel tout avait réussi et qui pensait avoir le droit de croire à son étoile, étant alors à l'apogée de son règne. L'Europe, émerveillée des ressources de la France, reconnaissait sa force et son prestige. Le pays, flatté, en prenait quelque orgueil et tenait pour assuré l'avenir de la dynastie, pendant que le souverain, poursuivant son rêve de fédération européenne et de solidarité entre les nations, se félicitait d'avoir unifié l'Italie et doté la France de deux provinces nouvelles, encore que les événements se soient précipités au delà des Alpes plus décisifs peut-être qu'il ne l'eût souhaité. Il ne craint pas la Prusse, dont il a le bon vouloir et ménagera plus tard avec l'Italie un accord qui sera une erreur au point de vue français, favorisera Sadowa, préparera Sedan, entrainera l'invasion du Saint-Siège et la fin du pouvoir temporel de Pie IX. Il a l'amitié de la Russie, n'ayant pas encore commis la faute d'intervenir plus ou moins ouvertement dans les affaires de Pologne et de se montrer favorable aux aspirations des Polonais qui se flattaient de trouver en lui leur protecteur naturel.

Avec l'ombrageuse Angleterre qui n'avait cessé de faire entendre qu'il ne serait toléré aucune modification aux traités de 1815, l'empereur était venu à bout de maintenir l'entente sans lui rien céder. Vainqueur en Lombardie, triomphateur à Solférino, n'avait-il pas, malgré la reine Victoria et les ministres anglais, amoindri l'Autriche, grandi le Piémont, protégé Pie IX et fait les annexions.

« On ne peut nier, lisait-on en 1859 dans le *Morning-Chronicle*, que Napoléon III est sorti de cette épreuve le plus grand homme de son temps. »

« Nous sentons tous, s'était écrié Palmerston à la Chambre des lords, que sa vie et le maintien de sa dynastie ont le plus grand prix, non seulement pour le peuple qu'il gouverne, mais pour les intérêts généraux de l'Europe. »

« Je ne sais pas, écrivait en 1860 un adversaire déterminé du règne, M. de Tocqueville, si jamais un homme a vu succéder à dix ans d'infortune une prospérité aussi inouïe. »

La gloire militaire, elle aussi, a reconnu son drapeau dans le pavillon français ; elle le suit, le salue en même temps à Rome, à Beyrouth et à Pékin.

Pure affaire de chance ! reprenaient les détracteurs du règne, qui guettaient un échec, comptant bien quoi qu'il arrive en rendre responsable ce souverain de malheur.

L'empereur n'avait pas lieu d'être moins satisfait de son gouvernement à l'intérieur que de sa politique personnelle à l'étranger. Il le sentait fort ce gouvernement qu'appuyaient des Chambres complaisantes, un corps électoral savamment combiné, une marine solide, une armée aguerrie, des diplomates habiles et vigilants.

Comblé par la fortune, considéré comme la clef de voûte de l'équilibre européen, Napoléon III, servi par les circonstances, était, disait-on aux derniers mois de 1860, « comme porté par les événements. »

L'impératrice sentait avec fierté la situation acquise à l'Empire et au souverain, mais la solution des affaires d'Italie lui gâtait l'œuvre impériale et le prestige obtenu, la troublait même dans le sentiment que l'empereur lui inspirait. Ce qu'elle avait de tout temps aimé, apprécié en lui, c'était précisément le mélange de force et de bonté, de mansuétude et d'énergie qui marquaient sa nature. Que devenaient dans son inaction actuelle sa décision, sa sensibilité? Il y avait là une faute qui pèserait sur le règne. L'opportunité, la beauté de l'œuvre que Napoléon III voyait humaine et sociale lui échappaient. Ne serait-ce pas là un mirage trompeur sous lequel se dérobaient de nouvelles compromissions, de nouveaux entrainements.

N'en allait-il pas ainsi depuis Solférino?

TABLE DES MATIÈRES

IMP. DELACHAUX & NIESTLÉ, S. A. — NEUCHATEL

www.ingramcontent.com/pod-product-compliance
Ingram Content Group UK Ltd.
Pitfield, Milton Keynes, MK11 3LW, UK
UKHW021103220726
13924UKWH00005B/2209

9 782019 206673